MELATIH PEMIMPIN RADIKAL

Manual untuk melatih para pemimpin dalam kelompok kecil dan gereja-rumah guna memimpin gerakan perintisan gereja

Melatih Pemimpin Radikal

Manual untuk melatih para pemimpin dalam kelompok kecil dan gereja-rumah guna memimpin gerakan perintisan gereja

Oleh Daniel B. Lancaster, PhD

Diterbitkan oleh: T4T Press

Cetakan Pertama: 2013

Hak Cipta Dilindungi Undang-Undang. Dilarang memperbanyak atau mengalihkan sebagian atau seluruh buku ini dalam bentuk atau dengan cara apa pun, entah secara elektronik atau mekanik, termasuk menyalin, merekam atau dengan menggunakan sistem penyimpanan dan pencarian informasi, tanpa izin tertulis dari pengarang, kecuali untuk kutipan singkat dalam suatu resensi.

Hak Cipta 2013 oleh Daniel B. Lancaster

ISBN 978-1-938920-58-5 cetakan

Kutipan teks alkitab bertanda (LAI-TB), kecuali dinyatakan lain, diambil dari ALKITAB TERJEMAHAN BARU ® Hak Cipta © 1974, 1994 oleh Lembaga Alkitab Indonesia (LAI). Digunakan atas izin LAI. Hak Cipta Dilindungi Undang-Undang.

Kutipan teks alkitab bertanda (LAI-BIS) diambil dari ALKITAB KABAR BAIK dalam Bahasa Indonesia Sehari-hari® (LAI-BIS) Hak Cipta ©1985, 1995 oleh Lembaga Alkitab Indonesia. Hak Cipta Dilindungi Undang-Undang.

Kutipan teks alkitab bertanda (FAYH) diambil dari FIRMAN ALLAH YANG HIDUP® Hak Cipta ©1989 oleh *Living Bibles International*. Diterbitkan oleh Yayasan Kalam Hidup; Jalan Naripan 67 - Kotak Pos 156 Bandung 40112. Hak Cipta Dilindungi Undang-Undang.

Kutipan alkitab bertanda (KIS LAI) diambil dari KITAB SUCI INJIL. Hak Cipta ©2000 oleh Lembaga Alkitab Indonesia. Digunakan atas izin.

Perpustakaan Kongres: Katalog Dalam Terbitan

Daftar Isi

Prakata 7
Ucapan Terima Kasih 9
Kata Pengantar 11

Bagian 1: Petunjuk Penggunaan Praktis

Strategi Yesus 17
Melatih Pemimpin 20
Prinsip-prinsip Pelatihan 25

Bagian 2: Pelatihan Kepemimpinan

Selamat Datang 31
Latih Seperti Yesus 45
Pimpin Seperti Yesus 58
Kuat Bertumbuh 73
Lebih Kuat Bersama 87
Berbagi Kabar Gembira 100
Bentuk Murid 117
Rintis Grup 134
Gandakan Grup 152
Ikut Yesus 169

Bagian 3: Sumber Daya

Kajian Lebih Lanjut 183
Lampiran A 184
Lampiran B 196
Lampiran C 198
Lampiran D 200

Untuk Mengenang Tom

Prakata

Menjadikan pelayanan gereja kian efektif merupakan suatu tantangan tetap. Mereka yang terlibat dalam melayani Yesus tahu bahwa sedikit masalah jauh lebih penting daripada memastikan metode efektif apa yang akan digunakan untuk melatih orang beriman. Salah satu metode paling efektif untuk melatih orang kristen dalam hal ini adalah seri Pelatihan Mengikuti Yesus. Buku pertama, Membentuk Murid-Murid Radikal, menyediakan berbagai pelajaran reproduksibel untuk dengan mudah mentransformasi orang kristen baru menjadi murid yang mirip-Kristus. Buku kedua ini maju selangkah lebih jauh dan menyuguhkan pelajaran untuk mentransformasi murid-murid yang mirip-Kristus menjadi pemimpin yang melipatgandakan kelompok. Melatih Pemimpin Radikal karya Dan Lancaster merupakan program yang sudah teruji untuk pelatihan. Program ini praktis dan jelas dalam pengajarannya –menggunakan lakon, gambar, dan pengalaman praktis bagi peserta latih.

Melatih Pemimpin Radikal tidak diragukan lagi merupakan salah satu metode paling efektif untuk melatih secara menyeluruh para beriman dalam hal pelayanan. Materinya bukan hanya efektif, melainkan juga melancarkan pengembangan kepemimpinan. Pelajaran ini mengantisipasi kebutuhan pemimpin, dan menyajikan visi tentang sosok pemimpin yang baik, serta langkah-langkah yang akan dijalankan dalam perintisan gereja-gereja baru. Buku ini memandang jauh ke depan dan membantu para pemimpin yang dilatih muncul sebagai pemimpin dan melatih orang lain pula. Melatih Pemimpin Radikal membantu para pemimpin memahami diri sendiri sebagaimana mereka memahami mitra kerja mereka dalam suatu terang baru dengan memanfaatkan delapan citra yang terkait dengan kepribadian.

Seri Pelatihan Mengikuti Yesus sebagai suatu kesatuan melengkapi orang beriman secara menyeluruh. Buku kedua dalam serial ini melanjutkan metoda yang berguna dan praktis yang sudah dimulai dalam buku pertama. Pelayanan sang Raja segala Raja menuntut hanya metoda yang paling baik. Dan inilah programnya untuk melatih para pemimpin yang memenuhi berbagai kualifikasi tersebut.

Roy J. Fish

Ucapan Terima Kasih

Setiap buku pelatihan merupakan kompilasi catatan pengalaman dalam hidup. Demikian pula *Seri Pelatihan Mengikuti Yesus* ini. Saya berutang budi kepada banyak orang yang telah melatih saya, sehingga saya bisa melatih orang lain.

Beberapa teman di Asia Tenggara bahu-membahu bersama saya mengembangkan materi pelatihan kepemimpinan ini. Terima kasih Gilbert David, Jeri Whitfield, Craig Garrison, Steve Smith, Neill Mims, dan Woody & Lynn Thingpen atas wawasan, dukungan, dan bantuan kalian. Kita telah menjalani ziarah ini bersama bertahun-tahun.

Beberapa pemimpin rohani amat mempengaruhi hidup saya dan ingin saya ucapkan terima kasih kepada mereka. Dr. Ricky Paris mengajari saya cara mencari Tuhan dengan segenap hati. Gaylon Lane, L.D. Baxley, dan Tom Popelka menjadi teladan kasih dan kepemimpinan rohani tanpa syarat selama masa-masa sulit ziarah saya. Dr. Elvin McCann mengobarkan semangat misi yang telah Tuhan taruh dalam diri saya. Rev. Nick Olson memperlihatkan pada saya cara menjadi manusia yang memiliki strategi dan integritas. Dr. Ben Smith mengenalkan Yesus kepada saya dan tetap menjadi rekan karib saya sejak itu. Dr. Roy Fish merumuskan visi tentang penggandaan murid sejak awal pelayanan saya. Rev. Ron Capps mengajari saya bahwa "pemimpin terbesar adalah pelayan terbesar." Terima kasih untuk setiap orang atas jasanya melatih saya menjadi pemimpin, sehingga saya bisa melatih orang lain.

Tom Wells telah melayani sebagai pemimpin ibadat di Highland Fellowship, gereja kedua yang kami rintis. Musisi berbakat dan sahabat karib, Tom, bersama saya menghabiskan banyak kopi sambil membicarakan delapan citra Kristus. Ia membantu saya mengembangkan metoda sederhana untuk menemukan kepribadian yang digunakan dalam *Melatih Pemimpin Radikal*. Kami mengelola gereja dan merencanakan pelayanan berdasarkan delapan citra Kristus. Kami pun memberikan layanan konsultasi kesehatan bagi jemaat setempat. Meskipun kini engkau bersama Tuhan, Tom, mengetahui karyamu berjalan terus, kami ingat engkau, dan sangat merindukanmu.

Saya pun menyampaikan terima kasih khusus kepada David dan Jill Shanks yang berkontribusi dalam proyek ini. Kemurahan hati mereka memungkinkan orang percaya yang tak terhitung jumlahnya di Asia bertumbuh kian kuat dalam pemuridan, kepemimpinan, dan perintisan gereja. Antrean di surga akan panjang, untuk mengatakan "Terima kasih."

Akhirnya, keluargaku mempersembahkan buku ini sebagai hadiah kepada keluargamu. Holli, istriku, dan anak-anakku, Jeff, Zach, Karis, dan Zane, semuanya berkorban dan mendukung upaya ini untuk mengembangkan para pemimpin rohani tangguh, serta membawa kesembuhan bagi bangsa-bangsa.

Daniel B. Lancaster, Ph.D.
Asia Tenggara

Kata Pengantar

Tuhan menganugerahi keluarga kami hak istimewa untuk merintis dua gereja di Amerika. Gereja pertama ada di Hamilton, Texas, salah satu daerah perkotaan paling miskin di Texas. Kenangan akan cara Tuhan menyediakan sekelompok orang percaya yang sangat tangguh itu untuk membangun gedung gereja berkapasitas 200-kursi bebas-utang di tengah masa sulit ekonomi, masih menghangatkan hati hingga kini. Allah mengubah total kehidupan kami ketika Dia ingat akan Hamilton.

Kami merintis gereja kedua kami di Lewisville, Texas. Saya melewatkan masa SMP dan SMA di Lewisville, sebuah daerah pinggiran kota progresif di daerah Dallas dan Ft. Worth. Gereja rumah saya, Lakeland Baptist, mensponsori perintisan gereja dan dengan murah hati mendukung kami secara finansial, mental dan rohani. Kami adalah gereja kedelapan belas yang telah mereka rintis di daerah ini. Karena pengalaman kami terdahulu sebagai perintis gereja, gembalanya meminta kami merintis gereja tanpa grup inti, hanya mengandalkan bantuan dari rumah ke rumah.

Dua bulan dalam merintis gereja ini, seluruh tubuh saya mulai terasa sakit dan mengalami kelelahan berat. Dokter mengenali penyakit ini sebagai lupus tepat pada hari anak keempat kami lahir. Belakangan hasil tes mengubah diagnosis awal menjadi *ankylosing spondylitis* – penyakit artritis yang melemaskan sendi tulang belakang, sangkar rusuk, dan pangkal paha. Obat pemati-nyeri dosis tinggi sedikit melegakan, tetapi juga menyebabkan kantuk. Saya bisa bekerja paling banyak dua jam sehari dan menghabiskan sisa waktu dengan berbaring dan berdoa.

Dalam pelayanan kami, perioda ini merupakan "malam gelap jiwa." Demam dan nyeri membatasi segalanya. Kendati saya benar-benar sakit, kami merasa sepertinya Tuhan terus memanggil kami untuk merintis gereja ini. Kami mohon agar Dia melepaskan kami, tetapi Dia justru menanggapi dengan mengingatkan bahwa rahmat-Nya sudah memadai. Rasanya Tuhan telah meninggalkan kami, walaupun kasih-Nya tak pernah berubah. Kami mempersoalkan panggilan kami, tetapi Dia terus menarik kami lebih dekat kepada-Nya dan memberi kami harapan. Kami bimbang, jangan-jangan Tuhan menghukum kami atas dosa yang tidak kami ketahui, tetapi Dia memenuhi kami dengan iman bahwa Dia akan menyelamatkan orang yang hilang dan mengembalikan mereka ke dalam keluarga-Nya. Impian kami tentang pergi ke daerah misi perlahan-lahan pudar lalu lenyap secepatnya.

Bagaimana Anda akan mengorbankan waktumu jika hanya bisa bekerja dua jam sehari di awal perintisan gereja baru? Tuhan menuntun kami agar fokus pada pengembangan pemimpin. Saya belajar cara menghabiskan waktu satu jam bersama seseorang saat makan siang dan meninggalkannya dengan rencana strategis untuk bulan depan, ditulis di atas serbet. Etos penggandaan dalam melatih orang lain, yang pada gilirannya orang itu melatih orang lain lagi, telah berkembang. Kami menolong orang menemukan bagaimana Tuhan "melengkapi" mereka dan bagaimana mematuhi Yesus secara praktis. Banyak orang dewasa dan anak-anak telah masuk dalam Kerajaan ini, meskipun kami mengalami derita fisik.

Tahun ketiga dalam kesakitan saya, kami memulai pengobatan baru yang mengubah kegelapan kami menjadi terang. Nyeri dan demam bisa teratasi. Alih-alih kembali ke model lama yakni gembala melakukan segalanya, kami bertahan di jalur kami yakni mengembangkan pemimpin. Empat tahun usai merintis gereja ini, saya melakukan perjalanan visi ke Asia Tenggara bersama teman. Saat turun dari pesawat di negeri asing, Tuhan berbicara dalam hati saya, kata-Nya, "kini engkau di rumahmu." Malam itu saya menelpon istri saya dan ia menegaskan bahwa Tuhan telah menyatakan panggilan yang sama kepada kami berdua. Setahun kemudian, kami menjual segala milik kami, mengemas barang keluarga kami berempat, lalu pindah ke Asia Tenggara.

Kami berkarya di sebuah negara tertutup dan mulai membentuk murid. Kami berdoa agar Tuhan memberi kami tiga lelaki dan tiga wanita tempat kami bisa mencurahkan hidup kami, meneladani Yesus yang berfokus pada Petrus, Yakobus, dan Yohanes. Tuhan menjawab doa kami dan mengirim orang yang bisa kami temani dan latih, seperti dahulu Barnabas dilatih Paulus. Saat kian banyak orang kami latih mengikuti Yesus, mereka pun merintis kelompok-kelompok baru, beberapa di antaranya menjadi gereja-gereja. Karena mereka bertumbuh, grup dan gereja ini segera bergelut dengan kebutuhan akan pemimpin yang lebih banyak dan lebih baik. Negara tempat kami melayani juga mengalami kevakuman kepemimpinan sebagaimana jarang pula pengembangan kepemimpinan. Kami memulai studi ekstensif tentang cara Yesus melatih murid menjadi pemimpin. Kami mengajari rekan-rekan setempat pelajaran tersebut dan menemukan hal menarik; membentuk murid dan melatih pemimpin adalah dua sisi dari satu mata uang. "Membentuk murid" menjelaskan permulaan perjalanan, sedangkan "melatih pemimpin" menjelaskan keberlanjutan perjalanan itu. Juga kami temukan bahwa semakin kami meniru Yesus, semakin reproduksibel pelatihan kami.

Pelajaran reproduksibel yang kami ajarkan kepada para pemimpin merupakan manual pelatihan ini. Yesus adalah pemimpin teragung sepanjang waktu dan kehidupan para pengikut-Nya. Karena mengikuti-Nya, kita menjadi pemimpin yang lebih baik. Semoga Tuhan memberkatimu sebagai pemimpin, juga mereka yang kalian pengaruhi melalui manual pelatihan ini. Banyak pemimpin berhasil melatih generasi pemimpin dengan materi ini dan kami berdoa semoga Tuhan memberkati hidupmu saat kalian melakukan hal yang sama.

Bagian 1

PETUNJUK PENGGUNAAN PRAKTIS

Strategi Yesus

Strategi Yesus menjangkau bangsa-bangsa melibatkan lima taktik: Kuat dalam Tuhan, beritakan kabar gembira, bentuk murid, rintis grup yang kelak menjadi gereja/jemaat, dan kembangkan pemimpin. Meski tiap taktik berdiri sendiri, semuanya bersatu menciptakan proses sinergis. Materi *Pelatihan Mengikuti Yesus* ini memungkinkan pelatih menjadi katalis bagi gerakan perintisan gereja di tengah kalangannya, cukup dengan mengikuti Yesus.

Pelatihan Mengikuti Yesus dimulai dengan *Membentuk Murid-Murid Radikal dan* empat taktik pertama dalam Strategi Yesus. Para murid mempelajari cara berdoa, mematuhi perintah Yesus, dan berjalan dalam kuasa Roh Kudus (Kuat dalam Tuhan). Mereka kemudian menemukan cara untuk bersatu dengan Tuhan di tempat-Nya berkarya, lalu berbagi kesaksian mereka - senjata ampuh dalam peperangan rohani. Selanjutnya, mereka belajar cara memberitakan kabar gembira dan mengajak orang kembali ke keluarga Allah (Berbagi Kabar Gembira). Melengkapi kursus ini, para pemimpin diberikan alat bantu untuk merintis grup kecil, merumuskan visi untuk penggandaan, dan rencana untuk menjangkau komunitasnya (Rintis Grup).

Para murid yang bertumbuh mengesankan dua kebutuhan yang terasa saat kami melatih dan membina mereka. Para pemimpin yang muncul bertanya-tanya tentang cara agar bertumbuh sebagai pemimpin rohani dan langkah apa yang perlu untuk beralih dari grup menjadi gereja. Karena taktik dalam Strategi Yesus tidak berurutan, beberapa murid meminta pelatihan kepemimpinan, lalu pelatihan perintisan gereja. Murid lainnya membalikkan urutan ini. Akibatnya, kami mulai memberikan dua seminar pelatihan ekstra bagi murid yang telah menggunakan *Membentuk Murid-Murid Radikal* dan setia melatih orang lain.

Merintis Gereja Radikal membantu gereja yang sudah ada merintis grup dan gereja baru - taktik keempat dalam Strategi Yesus. Beberapa pemimpin telah merintis gereja dan satu kekeliruan yang sering dibuat yaitu meniru struktur gerejanya dalam gereja baru. Pendekatan ini menjamin hanya sedikit hasil. *Merintis Gereja Radikal* menghindari kekeliruan ini dengan melatih para murid cara mengikuti delapan perintah Kristus yang dipatuhi Gereja awal dalam Kisras 2. Grup bekerja melalui penerapan praktis tiap perintah dan bersama mengembangkan persekutuan jemaat. Jika grup ini merasakan tuntunan Tuhan, seminar usai dengan acara perayaan dan peresmian sebagai gereja baru.

Melatih Pemimpin Radikal membantu para pemimpin melatih orang lain menjadi pemimpin rohani tangguh - taktik kelima dalam

Strategi Yesus. Unsur utama dalam gerakan perintisan gereja adalah pengembangan kepemimpinan. Seminar ini memperlihatkan kepada para pemimpin proses yang digunakan Yesus dalam melatih pemimpin dan tujuh kualitas kepemimpinan Yesus, pemimpin teragung sepanjang masa. Para pemimpin menemukan tipe kepribadiannya dan bagaimana membantu orang lain dengan berbagai kepribadian bisa bekerja sama. Akhirnya, para pemimpin mengembangkan suatu "Program Yesus" berdasarkan dua belas prinsip pelayanan yang diberikan Yesus kepada para murid dalam Lukas 10. Seminar ditutup dengan para pemimpin saling berbagi "Program Yesus" mereka dan berdoa bersama. Para pemimpin bertekad saling membina dan mengembangkan pemimpin baru.

Baik *Merintis Gereja Radikal* maupun *Melatih Pemimpin Radikal* melatih murid-murid cara meniru pelayanan dan metoda Yesus. Pelatih memberikan para pemimpin alat bantu reproduksibel, yang bisa mereka kuasai dan bagikan dengan orang lain. *Pelatihan Mengikuti Yesus* bukanlah kursus untuk dipelajari, melainkan suatu jalan menuju hidup. Selama lebih dari dua ribu tahun, Allah memberkati dan mengubah hidup orang yang tak terbilang jumlahnya melalui kesederhanaan mengikuti Putera-Nya. Orang beriman telah mengikuti Strategi Yesus dan menyaksikan seluruh kebudayaan bertransformasi. Semoga Allah melakukan hal yang sama dalam hidupmu dan di tengah kalangan yang Anda latih untuk mengikuti Yesus!

Melatih Pemimpin

Melatih Pemimpin Radikal dikembangkan berdasarkan kursus pertama, *Membentuk Murid-Murid Radikal*, dan membantu mereka yang sudah merintis grup murid berkembang menjadi pemimpin dan menggandakan lebih banyak grup.

Hasil-Hasil Pelatihan

Setelah menyelesaikan seminar pelatihan ini, para peserta bisa:

- Mengajari pemimpin lain sepuluh pelajaran inti kepemimpinan.
- Melatih pemimpin lain menggunakan proses reproduksibel yang dicontohkan Yesus.
- Mengenal berbagai jenis kepribadian dan membantu orang bekerja sama sebagai tim.
- Mengembangkan program strategis untuk melibatkan mereka yang hilang secara rohani di dalam komunitasnya dan menggandakan grup baru.
- Memahami cara memimpin gerakan perintisan gereja.

Proses Pelatihan

Tiap sesi pelatihan kepemimpinan mengikuti format yang sama, sesuai cara Yesus melatih murid-murid-Nya sebagai pemimpin. Berikut adalah garis besar pelajaran, dengan saran jangka-waktu.

SYUKUR PUJIAN

- Nyanyikan dua lagu koor atau madah bersama (atau lebih jika waktu memungkinkan).

(10 menit)

KEMAJUAN

- Salah satu pemimpin menceritakan kemajuan pelayanannya sejak saat terakhir mereka bertemu. Grup mendoakan si pemimpin dan pelayanannya.

(10 menit)

MASALAH

- Pelatih memperkenalkan masalah umum kepemimpinan, menjelaskannya dengan cerita atau ilustrasi pribadi.

(5 menit)

RENCANA

- Pelatih mengajarkan pelajaran kepemimpinan sederhana yang memberi para pemimpin wawasan dan kecakapan guna menyelesaikan masalah kepemimpinan.

    (20 menit)

PRAKTIK

- Para pemimpin dibagi ke dalam grup-empat dan mempraktikkan metoda pelatihan kepemimpinan dengan membahas pelajaran yang telah dipelajari, meliputi:

    - Hasil kemajuan dalam area kepemimpinan ini.
    - Masalah yang dihadapi dalam area kepemimpinan ini.
    - Rencana perbaikan dalam 30 hari ke depan berdasarkan pelajaran kepemimpinan.
    - Kecakapan yang akan dipraktikkan dalam 30 hari ke depan sesuai pelajaran kepemimpinan.

- Para pemimpin berdiri dan bersama mengulangi ayat hafalan 10 kali: 6 kali membaca dari Alkitab, dan 4 kali di luar kepala.

    (30 menit)

DOA

- Grup-empat berbagi tentang doa lalu saling mendoakan.

    (10 menit)

PENUTUP

- Kebanyakan sesi berakhir dengan kegiatan belajar untuk membantu pemimpin menerapkan pelajaran kepemimpinan dalam tiap situasinya sendiri.

(15 menit)

JADWAL PELATIHAN

Gunakan manual ini untuk memfasilitasi seminar tiga-hari atau program pelatihan 10-minggu. Tiap sesi dalam kedua jadwal ini makan waktu satu setengah jam dan memanfaatkan **Proses Pelatihan Pelatih pada halaman 20.**

Pelatihan kepemimpinan biasanya berlangsung sekali sebulan, dua kali sebulan, atau dalam seminar tiga-hari. Hanya pemimpin yang saat ini memimpin grup yang menjadi peserta.

Jadwal Tiga-Hari

	Hari 1	Hari 2	Hari 3
8:30	Selamat Datang	Lebih Kuat Bersama	Rintis Grup
10:00	Istirahat	Istirahat	Istirahat
10:30	Latih Seperti Yesus	Lomba Drama	Gandakan Grup
12:00	Makan Siang	Makan Siang	Makan Siang
1:00	Pimpin Seperti Yesus	Berbagi Kabar Gembira	Ikut Yesus
2:30	Istirahat	Istirahat	
3:00	Kuat Bertumbuh	Bentuk Murid	
5:00	Makan Malam	Makan Malam	

Jadwal Mingguan

Minggu 1	Selamat Datang	Minggu 6	Berbagi Kabar Gembira
Minggu 2	Latih Seperti Yesus	Minggu 7	Bentuk Murid
Minggu 3	Pimpin Seperti Yesus	Minggu 8	Rintis Grup
Minggu 4	Kuat Bertumbuh	Minggu 9	Gandakan Grup
Minggu 5	Lebih Kuat Bersama	Minggu 10	Ikut Yesus

Prinsip-prinsip Pelatihan

Membantu orang lain berkembang menjadi pemimpin merupakan pekerjaan menyenangkan dan menuntut pengorbanan. Kebalikan dari pendapat populer, pemimpin dibentuk, bukan dilahirkan. Agar muncul lebih banyak pemimpin, pengembangan kepemimpinan harus terencana dan sistematis. Ada yang keliru meyakini bahwa orang menjadi pemimpin karena kepribadiannya. Suatu survei singkat mengenai kesuksesan gembala gereja-mega di Amerika, justru mendapati gembala dengan berbagai kepribadian. Bila kita mengikuti Yesus, kita mengikuti pemimpin teragung sepanjang masa, dan kita sendiri berkembang sebagai pemimpin.

Memunculkan pemimpin memerlukan pendekatan berimbang terhadap pengembangan kepemimpinan. Pendekatan berimbang meliputi penerapan pengetahuan, karakter, kecakapan, dan motivasi. Setiap pribadi membutuhkan keempat unsur ini agar menjadi pemimpin efektif. Tanpa pengetahuan, asumsi keliru dan salah pengertian menyesatkan pemimpin. Tanpa karakter, pemimpin akan membuat kesalahan moral dan rohani yang merintangi misi. Tanpa kecakapan, pemimpin akan terus mengulang cara lama atau memakai metoda usang. Akhirnya, pemimpin dengan pengetahuan, karakter, dan kecakapan namun tanpa motivasi hanya peduli pada *status quo* dan mempertahankan posisinya.

Pemimpin harus mempelajari perangkat kunci yang diperlukan agar pekerjaannya berhasil. Setelah menghabiskan cukup waktu dalam doa, setiap pemimpin membutuhkan visi yang meyakinkan. Visi menjawab pertanyaan, "Apa yang perlu terjadi selanjutnya?" Pemimpin harus tahu maksud pekerjaannya. Maksud menjawab pertanyaan, "Mengapa ini penting?" Mengetahui jawaban pertanyaan ini telah membimbing banyak pemimpin melewati masa-masa sulit. Berikut, pemimpin harus tahu misinya. Allah menyatukan orang dalam komunitas untuk melaksanakan kehendak-Nya. Misi menjawab pertanyaan, "Siapa yang perlu dilibatkan?" Terakhir, pemimpin yang baik punya tujuan jelas dan ringkas untuk diikuti. Secara khusus, pemimpin akan menuangkan visi, maksud, dan misi dalam empat hingga lima tujuan. Tujuan menjawab pertanyaan, "Bagaimana kita akan mengerjakannya?"

Kita tahu betapa sulitnya memilih pemimpin baru dalam grup. Allah akan selalu mengejutkanmu dengan orang pilihan-Nya! Pendekatan yang paling produktif yakni memperlakukan setiap orang seakan mereka adalah pemimpin. Seseorang mungkin hanya memimpin dirinya sendiri, tetapi ia tetap memimpin. Orang menjadi pemimpin yang lebih baik sebanding dengan harapan (iman) kita. Bila kita perlakukan orang sebagai pengikut, mereka menjadi pengikut. Bila kita perlakukan sebagai pemimpin, mereka menjadi pemimpin. Yesus memilih orang dari segala lapisan untuk menunjukkan bahwa kepemimpinan yang baik bergantung pada ketaatan pada-Nya, bukan tanda luar yang acap dicari orang. Mengapa kita kekurangan pemimpin? Sebab pemimpin saat ini menolak memberi peluang memimpin kepada orang baru.

Beberapa faktor menghentikan gerakan Tuhan lebih cepat daripada kurangnya kepemimpinan saleh. Sayang, kita mengalami kevakuman kepemimpinan di sebagian besar tempat kami melatih orang (termasuk Amerika). Pemimpin saleh merupakan kunci menuju "shalom" – damai, berkat, dan kebajikan – dalam komunitas. Satu ungkapan terkenal dari Albert Einstein mungkin bisa ditafsirkan sebagai berikut: "Kita tidak bisa mengatasi masalah kita saat ini dengan tingkat kepemimpinan kita saat ini." Allah sedang menggunakan *Pelatihan Mengikuti Yesus* untuk melengkapi dan memotivasi banyak pemimpin baru. Kami berdoa agar hal yang sama akan terjadi padamu. Semoga Pemimpin Teragung sepanjang masa memenuhi hati dan pikiranmu dengan setiap berkat rohani, menjadikanmu kuat, dan menambah pengaruhmu – ujian kepemimpinan yang sesungguhnya.

Bagian 2

PELATIHAN KEPEMIMPINAN

1

Selamat Datang

Pelatih dan pemimpin saling memperkenalkan diri dalam pelajaran pertama. Pemimpin lalu belajar perbedaan antara metoda pelatihan Yunani dan Ibrani. Yesus memakai kedua metoda itu dan begitu pula kita. Metoda Ibrani paling berguna dalam melatih pemimpin, dan sering dipakai dalam *Melatih Pemimpin Radikal*.

Pelajaran ini bertujuan agar pemimpin memahami Strategi Yesus menjangkau dunia. Lima bagian Strategi Yesus meliputi: Kuat Dalam Tuhan, Berbagi Kabar Gembira, Bentuk Murid, Rintis Grup yang Menjadi Jemaat/Gereja, dan Latih Pemimpin. Para pemimpin mengkaji pelajaran *Pelatihan Mengikuti Yesus, Bagian 1: Membentuk Murid-Murid Radikal* yang melengkapi umat beriman agar berhasil dalam tiap bagian Strategi Yesus. Pemimpin juga mempraktikkan perumusan visi tentang mengikuti Strategi Yesus kepada orang lain. Sesi ini berakhir dengan tugas untuk mengikuti Yesus dan mematuhi perintah-Nya setiap hari.

Syukur Pujian

- Nyanyikan dua lagu koor atau madah bersama.
- Mintalah seorang pemimpin yang dihargai untuk memohon kehadiran dan berkat Tuhan selama pelatihan.

Awal

Perkenalan Pelatih

- Pelatih dan pemimpin duduk melingkar untuk memulai sesi pembukaan. Agar suasananya informal, singkirkan semua meja yang sudah tertata.
- Pelatih mencontohkan cara para pemimpin akan memperkenalkan diri.
- Pelatih dan asisten memperkenalkan diri. Keduanya saling memberitahukan nama, info keluarga, etnis asal (jika perlu), dan bagaimana Tuhan memberkati grup binaan mereka selama bulan sebelumnya.

Perkenalan Pemimpin

- Kelompokkan para pemimpin berdua-dua.

    "Perkenalkan partner Anda seperti saya dan asisten saya melakukannya tadi."

- Mereka harus mencari tahu nama, info keluarga, etnis asal (jika perlu) mitranya, dan bagaimana Tuhan memberkati grup binaannya pada bulan lalu. Mintalah mereka menuliskan informasi itu dalam buku catatan sehingga tidak lupa saat memperkenalkan mitranya.

- Setelah kira-kira lima menit, mintalah pasangan pemimpin memperkenalkan diri kepada sedikitnya lima pasangan lain sebagaimana Anda memperkenalkan partner Anda kepada mereka.

Bagaimana Yesus Melatih Para Pemimpin?

- Mintalah para pemimpin mengatur kursinya dalam barisan - metoda pengajaran tradisional. Mereka akan membentuk sedikitnya 2 baris dan 1 lorong di tengah lalu duduk berbaris sementara pelatih berdiri di depan.

  "Kita sebut ini sebagai metoda pengajaran 'Yunani'. Guru berbagi pengetahuan, siswa sedikit bertanya, dan tiap orang bertanya hanya kepada guru." Biasanya, guru menata kelasnya seperti ini, jika siswanya anak-anak."

- Mintalah para pemimpin mengatur kembali kursinya dalam lingkaran seperti di awal sesi. Pemimpin dan pelatih sama-sama duduk melingkar.

  "Kita sebut ini sebagai metoda pengajaran 'Ibrani'. Guru bertanya, siswa membahas topik yang ditanyakan, lalu setiap orang menanyai pembicara, bukan kepada guru saja. Guru kadang memakai metoda ini ketika mengajar orang dewasa. Metoda mana yang digunakan Yesus?"

- Biarkan siswa membahasnya lalu katakan "keduanya." Yesus memakai metoda Yunani bila menghadapi orang banyak dan metoda Ibrani bila melatih murid-murid sebagai pemimpin.

  "Metoda mana yang paling sering digunakan guru dalam situasi Anda?"

- Guru lebih sering memakai metoda Yunani. Akibatnya, kita merasa paling nyaman dalam situasi itu.

"Dalam sesi ini, kami akan menunjukkan cara melatih pemimpin seperti yang dilakukan Yesus. Sebagian besar sesi dalam Melatih Pemimpin Radikal akan menerapkan metoda 'Ibrani', karena Yesus menggunakannya ketika melatih para pemimpin. Kita ingin meniru-Nya."

RENCANA

"Tujuan kita dalam pelajaran ini adalah memahami Strategi Yesus menjangkau dunia, agar kita bisa mengikuti-Nya."

Siapa yang Mendirikan Gereja?

–MATIUS 16:18–
DAN AKU PUN BERKATA KEPADAMU: ENGKAU ADALAH PETRUS (ARTINYA 'BATU KARANG'), DAN DI ATAS BATU KARANG INI AKU AKAN MENDIRIKAN JEMAAT-KU DAN ALAM MAUT TIDAK AKAN MENGUASAINYA. (LAI-TB)

"Yesuslah satu-satunya yang mendirikan gereja-Nya."

Mengapa Penting Siapa Yang Mendirikan Gereja?

–MAZMUR 127:1–
JIKALAU BUKAN TUHAN YANG MEMBANGUN RUMAH, SIA-SIALAH USAHA ORANG YANG MEMBANGUNNYA; JIKALAU BUKAN TUHAN YANG MENGAWAL KOTA, SIA-SIALAH PENGA-WAL BERJAGA-JAGA. (LAI-TB)

"Kalau bukan Yesus yang mendirikan gereja, pekerjaan kita akan sia-sia." Selama pelayanan-Nya di dunia dan sepanjang sejarah gereja, Yesus selalu mendirikan gereja-Nya menggunakan strategi yang sama. Mari kita pelajari strategi Nya supaya kita bisa mengikuti-Nya."

Bagaimana Yesus Mendirikan Gereja-Nya?

- Lukis diagram di bawah, bagian demi bagian, sambil Anda berbagi Strategi Yesus menjangkau dunia.

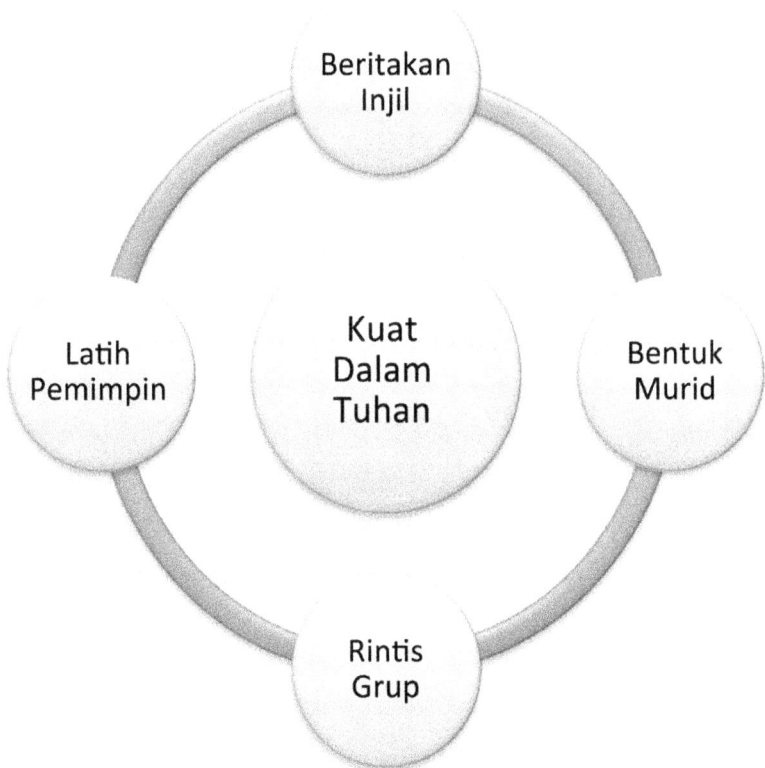

KUAT DALAM TUHAN

–LUKAS 2:52–
YESUS MAKIN BERTAMBAH BESAR DAN BERTAMBAH BIJAKSANA, SERTA DIKASIHI OLEH ALLAH DAN DI-SUKAI OLEH MANUSIA. (BIS)

–LUKAS 4:14–
(SETELAH PENCOBAAN-NYA) DALAM KUASA ROH KEMBALILAH YESUS KE GALILEA. LALU TERSEBARLAH KABAR TENTANG DIA DI SELURUH DAERAH ITU. (LAI-TB)

"Taktik pertama dalam Strategi Yesus adalah 'Kuat dalam Tuhan.' Kepemimpinan Rohani bergantung pada hubungan murni dan erat dengan Tuhan. Supaya kita menjadi kuat, kita harus patuh pada Yesus.

> **Kuat Dalam Tuhan**
> Angkat kedua lengan dan berpose seperti orang kuat.

Karena kita tinggal dalam Yesus, kita berdoa, mematuhi perintah-Nya, berjalan dalam Roh, dan bergabung dengan Yesus di tempat-Nya berkarya.

- TINJAU pelajaran "Berdoa," "Patuh," dan "Berjalan" serta isyarat tangan dalam *Pelatihan Mengikuti Yesus, Bagian 1: Membentuk Murid-Murid Radikal*:

"Pelajaran ini melatih kita bagaimana supaya kita tinggal dalam Kristus. Juga membantu kita melatih orang lain agar tinggal di dalam Dia. Bagian tentang menjadi kuat dalam Tuhan adalah mematuhi perintah-Nya. Strategi Yesus lainnya terdiri atas perintah yang harus kita patuhi secara langsung, sepanjang waktu, dan dengan semangat kasih."

BERBAGI KABAR GEMBIRA

> –Mrk 1:14,15–
> Kemudian, setelah Yohanes ditangkap oleh Raja Herodes, Yesus pergi ke Galilea mengabarkan Berita Kesukaan dari Allah. "Sekarang saatnya telah tiba," kata-Nya. "Kerajaan Allah sudah dekat! Tinggalkan dosa kalian dan percayalah akan Berita Kesukaan ini!" (LAI-TB)

"Kita kuat bertumbuh dalam Tuhan dengan berdoa dan berjalan dalam Roh Kudus. Cara lain agar kuat bertumbuh dalam Tuhan adalah mematuhi perintah Yesus. Yesus memerintahkan kita bergabung di tempat-Nya berkarya dan memberitakan kabar gembira."

✋ **Berbagi Kabar Gembira**
Buat gerakan menebar benih dengan tangan kanan.

"Bagi kebanyakan orang, bersaksi tentang cara Tuhan menyelamatkan mereka merupakan titik awal yang bagus saat berbagi injil dengan orang lain. Orang tertarik dan senang mendengar kisah kita. Berbagi kesaksian kita juga memungkinkan kita melihat bahwa Roh Kudus sedang bekerja, sehingga kita bisa bergabung dengan-Nya.

Bila kita melihat tempat Allah berkarya, kita berbagi kabar gembira sederhana. Pastikan untuk menanam benih injil! Ingat: tiada benih, tiada tuaian!"

- TINJAU pelajaran "Pergilah," "Beritakan," "Taburkan" dan isyarat tangan dalam *Pelatihan Mengikuti Yesus, Bagian 1: Membentuk Murid-Murid Radikal*.

"Jangan jatuh dalam jebakan setan di titik ini. Banyak umat beriman salah sangka bahwa perlu menjadi lebih kuat dalam Tuhan sebelum berbagi injil. Mereka tidak menyadari bahwa kebalikannya benar. Kita bertumbuh kian kuat setelah menaati perintah Yesus, bukan sebelumnya. Taati perintah Yesus dengan berbagi kabar baik maka Anda akan bertumbuh kian kuat dalam imanmu. Jika menunggu hingga merasa "cukup kuat," Anda tidak akan pernah memberitakan imanmu."

BENTUK MURID

–MATIUS 4:19–
"MARI, IKUTI AKU," KATA YESUS, "DAN AKU AKAN MENJADIKAN KALIAN PENJALA MANUSIA."

"Karena kita tinggal dalam Yesus dan mematuhi perintah-Nya memberitakan kabar gembira, orang akan tanggap dan ingin bertumbuh sebagai umat beriman."

Bentuk Murid
Tangan di dada lalu angkat seperti menyembah. Ta-ngan di pinggang, lalu angkat dalam pose doa klasik. Unjuk kedua tangan ke kepala, tundukkan kepala seakan sedang membaca buku. Angkat tangan seperti pose orang kuat, lalu buat gerakan menabur benih.

"Perintah terutama mengenai kepatuhan adalah mengasihi Tuhan dan mengasihi sesama. Kita tunjukkan kepada para pengikut baru Yesus cara melakukannya secara praktis. Kita pun mengajari mereka cara berdoa, mematuhi perintah Yesus, berjalan dalam Roh, pergi ke tempat Yesus berkarya, berbagi kesaksian, dan berbagi injil sederhana, sehingga mereka pun bisa menjadi kuat dalam Tuhan."

- TINJAU pelajaran "Kasih" serta isyarat tangan dalam *Pelatihan Mengikuti Yesus, Bagian 1: Membentuk Murid-Murid Radikal.*

RINTIS GRUP DAN GEREJA

–MATIUS 16:18–
DAN AKU PUN BERKATA KEPADAMU: ENGKAU ADALAH PETRUS, DAN DI ATAS BATU KARANG INI AKU AKAN MENDIRIKAN JEMAAT-KU DAN ALAM MAUT TIDAK AKAN MENGUASAINYA.

"Karena kita tinggal dalam Yesus dan mematuhi perintah-Nya, kita berbagi kabar baik dan membentuk murid. Lalu, kita meniru teladan Yesus dan merintis grup yang beribadat, berdoa, belajar dan melayani bersama. Yesus sedang merintis grup semacam ini di seluruh dunia untuk memperkuat gereja-Nya dan membantu gereja merintis gereja baru demi kemuliaan-Nya."

Rintis Grup dan Gereja
Tangan membentuk gerakan "menghimpun", seperti sedang meminta orang mengitari Anda.

KEMBANGKAN PEMIMPIN

–MATIUS 10:5-8–
KEDUA BELAS MURID ITU DIUTUS OLEH YESUS DAN IA BERPESAN KEPADA MEREKA: "JANGAN PERGI KE DAERAH ORANG-ORANG BUKAN YAHUDI, ATAU KE KOTA-KOTA ORANG SAMARIA. PERGILAH KEPADA ORANG-ORANG ISRAEL. PERGILAH DAN BERITAKANLAH: "KERAJAAN ALLAH SUDAH DEKAT! SEMBUHKANLAH ORANG SAKIT; BANGKITKANLAH ORANG MATI; TAHIRKANLAH

ORANG KUSTA; USIRLAH SETAN-SETAN. KAMU TELAH MEMPEROLEHNYA DENGAN CUMA-CUMA, BERIKANLAH PULA DENGAN CUMA-CUMA. (LAI-TB)

"Karena tinggal dalam Kristus, kita menunjukkan kasih kepada-Nya dengan mematuhi perintah-Nya. Kita mewartakan injil sehingga orang yang hilang bisa kembali ke keluarga Allah. Kita membentuk murid yang mengasihi baik Tuhan maupun sesama. Kita merintis grup yang beribadat, berdoa, belajar, dan melayani bersama. Semakin banyak grup dibentuk, semakin banyak pemimpin dibutuhkan. Mengikuti Prinsip 222 dalam 2 Timotius 2:2, kita latih para pemimpin, yang melatih para pemimpin, yang bahkan melatih para pemimpin lagi."

✋ **Kembangkan Pemimpin**
  Berdiri sigap dan beri hormat seperti prajurit.

- TINJAU pelajaran "Penggandaan" serta isyarat tangan dalam *Pelatihan Mengikuti Yesus, Bagian 1: Membentuk Murid-Murid Radikal*.

"Harap hindari kekeliruan umum mengenai Strategi Yesus. Banyak umat beriman mencoba mengikuti perintah-perintah ini secara berurutan. Pertama, mereka pikir, kita akan menginjil lalu membentuk murid, dan seterusnya. Namun, Yesus telah memperlihatkan kepada kita agar mematuhi seluruh perintah-Nya dalam setiap situasi. Misalnya, saat kita berbagi injil, kita melatih orang tentang cara menjadi pengikut Yesus. Saat kita membentuk murid, kita membantu umat beriman baru menemukan grup yang ada atau merintis grup baru. Sejak awal, kita menampilkan perilaku pemimpin rohani tangguh.

Lima-bagian strategi ini melukiskan cara Yesus mendirikan gereja-Nya. Murid-murid meniru Strategi Yesus dalam gereja perdana. Paulus mengopi strategi ini dalam misinya kepada orang non-Yahudi. Pemimpin rohani yang sukses di sepanjang sejarah gereja melakukan hal yang sama. Jika pemimpin bersatu dengan Yesus dalam strategi-Nya untuk menjangkau dunia, Allah sungguh memberkati segala bangsa dan negara. Semoga kita mengikuti Strategi Yesus dan melihat kemuliaan Tuhan menjadi nyata di negara ini!"

Ayat Hafalan

–I KORINTUS 11:1–
IKUTILAH TELADANKU, SAMA SEPERTI AKU JUGA MENGIKUTI TELADAN KRISTUS. (LAI-TB)

- Semua berdiri dan mengucapkan ayat hafalan 10 kali bersama. 6 kali pertama, mereka membaca dari Alkitab atau catatan. 4 kali terakhir, mereka mengucapkan di luar kepala. Tiap kali, sebutkan nomor ayat sebelum mengutip isinya, dan kembali duduk bila selesai.
- Mengikuti rutinitas ini, pelatih akan tahu tim mana yang menyelesaikan pelajaran pada bagian "Praktek."

PRAKTIK

"Kini, mari kita praktikkan ajaran tentang Strategi Yesus menjangkau dunia. Kita akan secara bergilir saling berbagi strategi itu. Dengan demikian, kita akan memiliki keyakinan untuk mengajar orang lain."

- Mintalah para pemimpin berdua-dua.

"Ambil selembar kertas. Lipat jadi dua. Kini, lipat sekali lagi seperti saya perlihatkan ini. Akan ada empat ruang untuk melukis gambar Strategi Yesus ketika Anda membuka lipatan kertas ini."

- Mintalah para pemimpin melukis gambar Strategi Yesus dan saling menjelaskannya kepada partner. *Kedua pemimpin* melukis gambar strategi itu *pada saat bersamaan*. Namun, hanya satu yang menjelaskan. Mereka tidak perlu meninjau pelajaran *Membentuk Murid-Murid Radikal* saat melukis gambar itu.
- Setelah orang pertama dalam pasangan melukis dan menjelaskan gambar Strategi Yesus, orang kedua melakukan yang sama. *Kedua partner* membuat gambar baru untuk *kali kedua*. Semua pasangan lalu *berdiri* dan mengucapkan ayat hafalan bersama sepuluh kali, mengikuti pola yang diajarkan sebelumnya.

"Usai menggambar 2 kali dan mengucapkan ayat hafalan 10 kali bersama partner pertama, cari partner lain lalu praktik pelajaran ini dengannya dengan cara yang sama.

Usai praktik dengan partner kedua, cari lagi partner lain."

"Lakukan sampai Anda sudah praktik melukis dan menjelaskan Strategi Yesus menjangkau dunia dengan empat orang berbeda."

(Ketika menuntaskan kegiatan ini, para pemimpin harus melengkapi bagian depan dan belakang kertasnya dengan delapan gambar lengkap Strategi Yesus.)

Penutup

YESUS BERKATA "IKUTILAH AKU"

> –Matius 9:9–
> Setelah Yesus pergi dari situ, Ia melihat seorang yang bernama Matius duduk di rumah cukai, lalu Ia berkata kepadanya: "Ikutlah Aku." Maka berdirilah Matius lalu mengikut Dia.

"Pemungut cukai termasuk orang yang paling rendah di masa Yesus. Tak seorang pun percaya kalau Yesus memanggil Matius sebab ia pemungut cukai.

Fakta Yesus memanggil Matius menunjukkan bahwa Ia jauh lebih peduli mengenai saat ini daripada masa lalu. Mungkin menurut Anda Allah tidak dapat berkarya dalam hidupmu karena telah banyak berdosa. Anda mungkin merasa malu atas perkataan Anda di masa lalu. Namun, kabar gembiranya bahwa Allah menggunakan siapa pun yang memilih mengikuti Yesus hari ini. Allah mencari orang yang mau tinggal dan patuh.

Ketika kita mengikuti seseorang, kita menirunya. Pekerja magang meniru tuannya dalam berdagang. Pelajar menjadi seperti gurunya. Semua kita meniru seseorang. Kita akan menjadi seperti orang yang kita tiru.

Pelatihan Mengikuti Yesus bermaksud menunjukkan kepada para pemimpin cara meniru Yesus. Kita yakin dengan semakin meniru Dia, semakin kita akan menyerupai Dia. Jadi dalam pelatihan ini, kita akan bertanya tentang kepemimpinan, belajar Alkitab, menemukan cara Yesus memimpin orang lain, dan berlatih mengikuti-Nya."

- Mintalah seorang pemimpin yang dihargai dalam grup untuk menutup pelajaran ini dengan doa berkat dan penyerahan untuk mengikuti Strategi Yesus menjangkau dunia.

2

Latih Seperti Yesus

Masalah umum dalam gereja atau grup yang sedang bertumbuh adalah kebutuhan akan lebih banyak pemimpin. Upaya melatih pemimpin sering lekas gagal sebab kita tidak memiliki proses sederhana untuk diikuti. Pelajaran ini bertujuan menjelaskan cara Yesus melatih pemimpin, supaya kita dapat meniru-Nya.

Yesus melatih pemimpin dengan menanyakan hasil kemajuan dalam perutusan dan membahas masalah yang mereka hadapi. Dia pun mendoakan dan membantu mereka menyusun rencana untuk misi selanjutnya. Bagian penting dari pelatihan ini adalah mempraktikkan kecakapan yang akan mereka butuhkan dalam pelayanan di masa depan. Dalam Pelajaran 2, para pemimpin menerapkan proses pelatihan kepemimpinan ini pada grupnya, juga Strategi Yesus menjangkau dunia. Terakhir, mereka mengembangkan "pohon pelatihan" yang membantu menghubungkan pelatihan dengan doa bagi pemimpin yang sedang mereka latih.

Syukur Pujian

- Nyanyikan dua lagu koor atau madah bersama. Mintalah seorang pemimpin mendoakan sesi ini.

Kemajuan

- Mintalah pemimpin lain dalam pelatihan untuk berbagi kesaksian singkat (tiga menit) tentang cara Tuhan memberkati kelompoknya. Setelah pemimpin bersaksi, mintalah grup mendoakannya.

Masalah

"Gereja dan kelompok menyadari kebutuhannya akan lebih banyak pemimpin, namun acap kali tidak mengetahui cara melatih pemimpin baru. Para pemimpin saat ini mengemban lebih banyak tanggung jawab dan tugas hingga kehabisan tenaga. Pengikut meminta pemimpin melakukan lebih banyak sementara jumlahnya sedikit hingga akhirnya pemimpin menyerah. Gereja dan grup di setiap kebudayaan dan negara menghadapi masalah ini secara tetap."

Rencana

"Kita bisa belajar melatih para pemimpin rohani tangguh. Pelajaran ini bertujuan menjelaskan cara Yesus melatih pemimpin, sehingga kita dapat meniru-Nya."

Tinjauan

Selamat Datang
    Siapa yang Mendirikan Gereja?
    Mengapa Itu Penting?
    Bagaimana Yesus Mendirikan Gereja-Nya?
        Kuat dalam Tuhan ✋
        Berbagi Kabar Gembira ✋
        Bentuk Murid ✋
        Rintis Grup dan Gereja ✋
        Kembangkan Pemimpin ✋

> –I Korintus 11:1–Ikutilah teladanku, sama seperti aku juga mengikuti teladan Kristus. (LAI-TB)

Bagaimana Yesus Melatih Para Pemimpin?

> –LUKAS 10:17–
> KEMUDIAN KETUJUH PULUH MURID ITU KEMBALI DENGAN GEMBIRA DAN BERKATA: "TUHAN, JUGA SETAN-SETAN TAKLUK KEPADA KAMI DEMI NAMA-MU!" (LAI-TB)

KEMAJUAN

"Para murid kembali dari misi mereka dan melaporkan capaian kemajuan kepada Yesus. Demikian pula, kita berbicara dengan para pemimpin yang sedang kita latih. Kita menunjukkan minat pribadi terhadap keadaan keluarga dan kemajuan pelayanan mereka.

    ✋ Kemajuan
    Gerakkan tangan saling menggulung ke arah atas.

–Matius 17:19–
Kemudian murid-murid Yesus datang dan ketika mereka sendirian dengan Dia, bertanyalah mereka: "Mengapa kami tidak dapat mengusir setan itu?" (LAI-TB)

MASALAH

"Murid-murid menemui masalah selama pelayanan dan meminta Yesus membantu mereka memahami mengapa mereka gagal. Demikian pula, kita meminta para pemimpin berbagi masalah yang mereka hadapi sehingga kita bisa sama-sama mencari solusinya dari Tuhan.

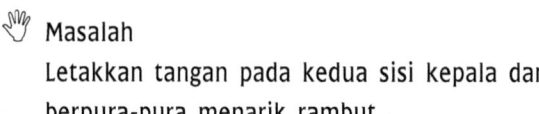

–Lukas 10:1–
Setelah itu Tuhan menunjuk tujuh puluh murid yang lain, lalu mengutus mereka berdua-dua mendahului-Nya ke setiap kota dan tempat yang hendak dikunjungi-Nya.

RENCANA

"Yesus memberikan para murid rencana sederhana, rohani, dan strategis untuk dijalankan dalam misi mereka. Demikian

pula, kita membantu para pemimpin membuat rencana yang sederhana untuk 'taktik berikutnya', bergantung pada Allah, dan mengarah pada masalah yang mereka hadapi."

> ✋ Rencana
> Bentangkan tangan kiri Anda seperti kertas lalu "tulis" di atasnya dengan tangan kanan.

–YOHANES 4:1-2–
YESUS MENGETAHUI BAHWA ORANG-ORANG FARISI TELAH MENDENGAR BAHWA IA MEMPEROLEH DAN MEMBAPTIS LEBIH BANYAK MURID DARIPADA YOHANES (MESKIPUN YESUS SENDIRI TIDAK MEMBAPTIS, MELAINKAN MURID-MURID-NYA) (LAI-TB)

PRAKTIK

"Kenyataan bahwa para murid, bukan Yesus, yang membaptis pengikut baru mengejutkan banyak pemimpin. Dalam beberapa kejadian seperti ini, Yesus mengizinkan para murid mempraktikkan tugas yang akan mereka lakukan setelah Ia kembali ke surga. Begitu pula, kita memberi para pemimpin kesempatan untuk mempraktikkan kecakapan yang akan mereka butuhkan ketika kembali ke pelayanan mereka. Kita menyediakan 'tempat yang aman' untuk praktik, melakukan kesalahan, dan memperoleh keyakinan."

> ✋ Praktik
> Gerakkan tangan naik-turun seolah mengangkat beban.

–LUKAS 22:31-32–

YESUS BERKATA, "SIMON, DENGARKAN! ALLAH SUDAH MENGIZINKAN IBLIS UNTUK MENGUJI KALIAN SEMUA. DENGAN DEMIKIAN, ORANG YANG SETIA BISA DIPISAHKAN DARI YANG TIDAK SETIA; SEPERTI ORANG MEMISAHKAN GANDUM DARI KULITNYA. TETAPI SIMON, AKU TELAH BERDOA UNTUK ENGKAU, SUPAYA IMANMU JANGAN GUGUR. DAN JIKALAU ENGKAU SUDAH INSAF, KUATKANLAH SAUDARA-SAUDARAMU." (BIS)

DOA

"Yesus sudah tahu bahwa Petrus akan melakukan kesalahan dan menghadapi godaan untuk berhenti. Yesus juga tahu bahwa doa adalah kunci menuju kuasa dan ketekunan dalam perjalanan kita bersama Allah. Berdoa bagi mereka yang sedang memimpin merupakan dukungan terpenting yang bisa kita berikan."

 Doa
Buat pose "tangan berdoa" klasik dekat wajah Anda.

Ayat Hafalan

–LUKAS 6:40–

SEORANG MURID TIDAK LEBIH DARIPADA GURUNYA, TETAPI SIAPA SAJA YANG TELAH TAMAT PELAJARANNYA AKAN SAMA DENGAN GURUNYA. (LAI-TB)

- Semua berdiri dan mengucapkan ayat hafalan 10 kali bersama. 6 kali pertama, mereka membaca dari Alkitab atau catatan. 4 kali terakhir, mereka mengucapkan di luar kepala. Tiap kali sebutkan nomor ayat sebelum mengutip ayat, dan kembali duduk bila selesai.
- Mengikuti rutinitas ini pelatih akan tahu tim mana yang menyelesaikan pelajaran pada bagian "Praktik."

Praktik

- Bagi peserta ke dalam grup-empat orang.
- Jelaskan kepada para pemimpin proses pelatihan tahap demi tahap, dengan memberi mereka 7-8 menit untuk membahas tiap bagian berikut ini.

TINJAUAN

"Apa lima bagian dalam Strategi Yesus menjangkau dunia?"

- Lukis diagram di papan tulis saat para pemimpin menjawab.

KEMAJUAN

"Bagian mana dari Strategi Yesus menjangkau dunia yang akan paling mudah dijalankan grup Anda?"

MASALAH

"Kemukakan masalah yang dihadapi grup Anda dalam menjalankan Strategi Yesus menjangkau dunia. "Bagian mana dari Strategi Yesus yang tersulit untuk dijalankan grup Anda?"

RENCANA

"Kemukakan satu tugas yang akan dikerjakan grup Anda dalam 30 hari ke depan yang akan membantu mereka menjalankan Strategi Yesus menjangkau dunia secara lebih efektif."

- Setiap orang harus mencatat rencana partnernya sehingga nanti mereka bisa mendoakannya.

PRAKTIK

"Kemukakan satu kecakapan yang akan Anda praktikkan sendiri dalam 30 hari ke depan guna membantu Anda memperbaiki diri sebagai pemimpin grup."

- Setiap orang harus mencatat item praktik partnernya sehingga nanti mereka bisa mendoakannya.
- Setelah tiap orang selesai berbagi kecakapan yang akan mereka praktikkan, anggota grup berdiri lalu mengucapkan ayat hafalan sepuluh kali bersama.

DOA

"Dalam grup kecil Anda, gunakan waktu dengan saling mendoakan rencana dan kecakapan yang akan Anda praktikkan dalam 30 hari ke depan agar berkembang sebagai pemimpin."

PENUTUP

Pohon Pelatihan

> *"'Pohon Pelatihan' merupakan alat bantu yang berguna untuk mengelola dan mendoakan orang yang akan kita latih sebagai pemimpin."*

- Pada papan tulis, lukiskan batang pohon, akar, dan garis datar yang menunjukkan batas rerumputan.

"Saya membuat pohon pelatihan saya seperti ini. Lukis batang pohon, akar, dan terakhir rumput. Alkitab katakan bahwa kita berakar dalam Kristus, jadi akan saya pasang nama-Nya di akar. Karena pohon pelatihan ini milik saya, saya pasang nama saya pada batangnya."

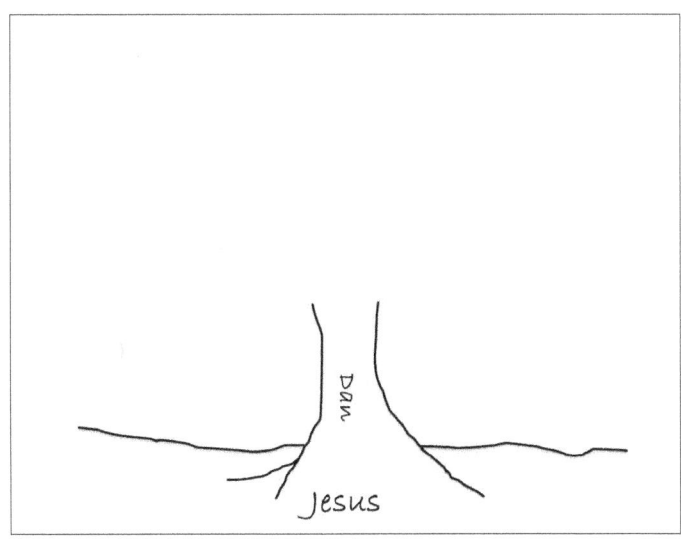

- Namai area di bawah akar dengan "Yesus" dan tulis nama Anda pada batang pohon.

    "Yesus memberikan sebagian besar pelatihan kepemimpinan-Nya pada tiga orang: Petrus, Yakobus, dan Yohanes. Saya ingin meniru Dia, maka saya pun akan melakukan yang sama. Tuhan telah memberi saya tiga pemimpin untuk menanamkan sebagian besar waktu pelatihan saya."

- Gambarkan tiga garis ke atas dan keluar dari batang pohon. Pada puncak tiap garis, pasang nama tiga pemimpin utama yang Anda latih.

    "Yesus melatih tiga orang dan menunjukkan mereka cara melatih orang lain. Jika tiap orang melatih tiga orang lain (seperti Yesus), berarti kita memperoleh dua belas orang seluruhnya. Menarik bukan?"

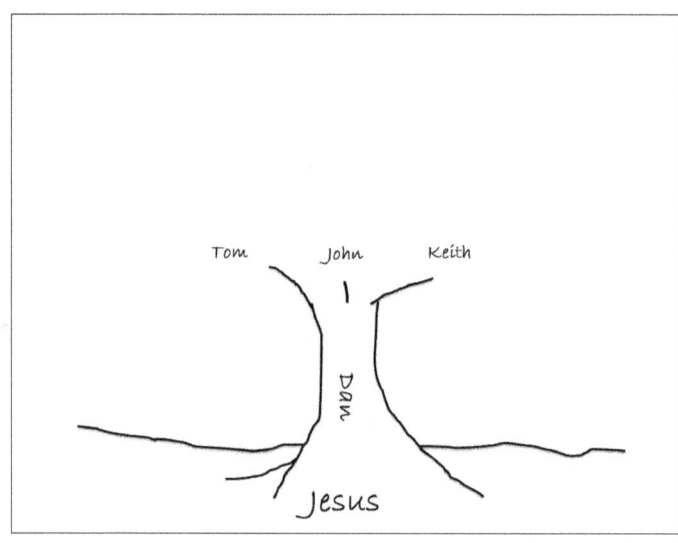

- Gambar tiga garis ke atas dan keluar dari tiap tiga pemimpin utama yang Anda latih. Beri label pada puncak tiap garis dengan nama orang yang sedang dilatih pemimpin utama. Ceritakan kisah yang diilhami Roh Kudus tentang pohon pelatihan Anda. Gambar daun di sekitar ranting untuk melengkapi pohon Anda.

"Sekarang saya ingin Anda melukis 'Pohon Pelatihanmu' sendiri. Anda mungkin perlu menuliskan beberapa nama orang 'yang dipercaya' tetapi lakukan sebisa Anda supaya terdapat dua belas orang pada pohon pelatihan. Tiga cabang pertama adalah para pemimpin utama yang akan Anda latih. Masing-masing dari tiga pemimpin itu mempunyai tiga cabang dengan nama para pemimpin yang untuk mereka ketiga pemimpin utama tersebut menghabiskan sebagian besar waktu pelatihannya.

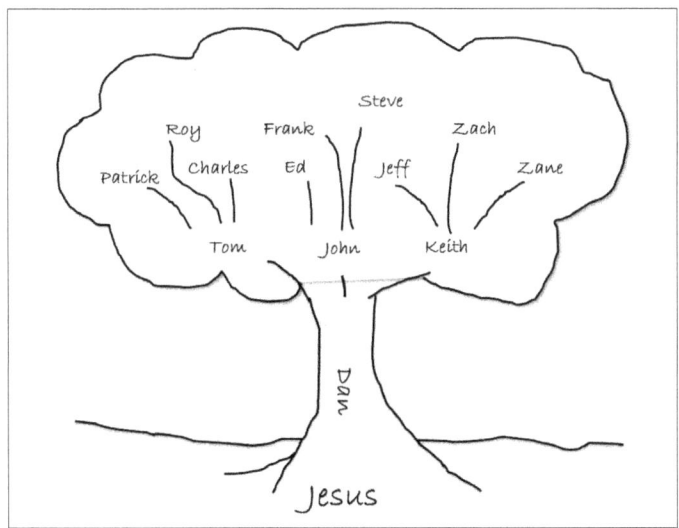

- Sementara para pemimpin melukis "Pohon Pelatihan", katakan sebagai berikut:

"Saya sering ditanya, 'Bagaimana seharusnya saya melatih pemimpin?" Yesus katakan, mintalah maka kalian akan mendapatkan. Sudahkah Anda meminta dari-Nya kebutuhan Anda? Pelatihan ini akan memberi Anda alat bantu yang diperlukan untuk melatih pemimpin.

Orang lain katakan, 'Saya tidak kenal seorang pun yang bisa saya latih sebagai pemimpin.' Yesus katakan, carilah maka kalian akan temukan. Sudahkah Anda mencari orang untuk dilatih, atau menunggu hingga mereka datang sendiri? Yesus katakan, 'carilah' bukan 'tunggulah.'

Yang lain bertanya lagi, 'Di mana seharusnya saya mulai melatih pemimpin?' Yesus katakan, ketuklah maka pintu akan dibukakan bagimu. Sudahkah Anda mengetuk? Allah akan memberkati kita dengan petunjuk bila kita jalankan langkah iman yang pertama.

Paling sering, alasan kita tidak memiliki 'Pohon Pelatihan' karena kita tidak meminta, mengetuk, atau mencari. Bila kita mematuhi perintah Yesus, dengan semangat kasih, Allah akan memberi kita lebih banyak kesempatan melatih daripada yang bisa kita bayangkan.

Alat bantu ini akan membantu Anda membina pemimpin lain soal kemajuan, masalah, rencana, praktik, dan doa."

- Mintalah seorang pemimpin dalam grup untuk menutup sesi ini dalam doa.

"Doakan para pemimpin pada pohon pelatihan kita, juga rencana yang sudah kita buat dalam grup kecil kita. Doakan hal-hal yang akan kita praktikkan agar berkembang sebagai pemimpin selama bulan berikut."

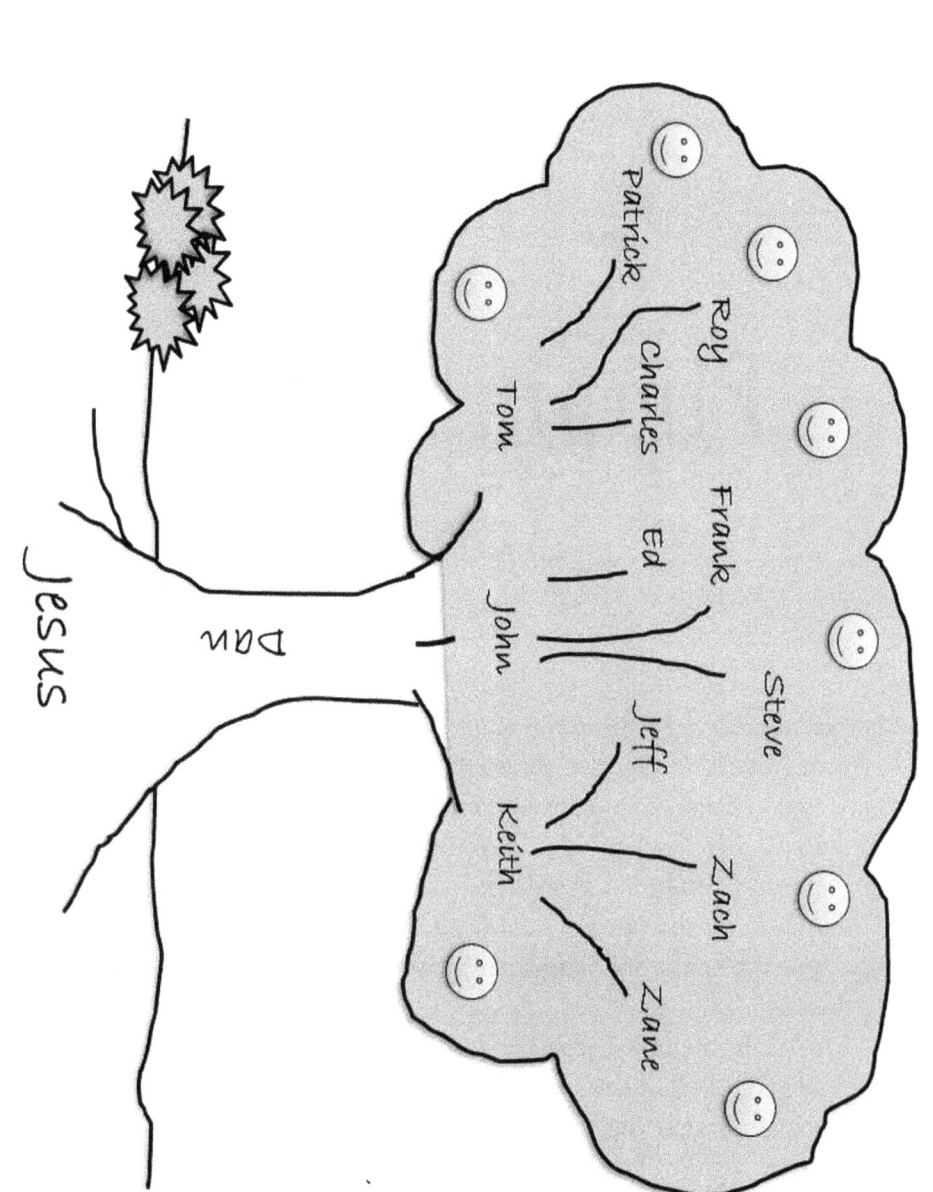

3

Pimpin Seperti Yesus

Yesus Kristus pemimpin teragung sepanjang masa. Tiada manusia yang lebih sering memengaruhi lebih banyak orang daripada Yesus. Pelajaran 3 memperkenalkan tujuh kualitas pemimpin hebat, berdasarkan gaya kepemimpinan Yesus. Lalu para pemimpin merenungkan kekuatan dan kelemahan pengalaman kepemimpinan mereka sendiri. Sebuah lakon membangun-tim mengakhiri sesi ini yang mengajarkan kekuatan "kepemimpinan berbagi."

Jatuh bangunnya segala sesuatu bergantung pada hati pemimpin, maka kita perhatikan bagaimana Yesus memimpin murid-murid-Nya, sehingga kita bisa meniru-Nya. Yesus mengasihi mereka hingga akhir, memahami misi-Nya, mengetahui masalah dalam grup, memberikan pengikut-Nya teladan untuk diikuti, berbuat baik, dan mengetahui bahwa Allah memberkati ketaatan-Nya. Segala sesuatu mengalir dari hati kita. Karena itu, sikap hati kita akan menjadi tempat kita memulai sebagai pemimpin.

Syukur Pujian

- Nyanyikan dua lagu koor atau madah bersama. Mintalah seorang pemimpin mendoakan sesi ini.

Kemajuan

- Mintalah pemimpin lain dalam pelatihan untuk berbagi kesaksian singkat (tiga menit) tentang cara Tuhan memberkati kelompoknya. Setelah si pemimpin bersaksi, mintalah grup mendoakannya.
- Sebagai pilihan, tirulah waktu pembinaan bersama pemimpin yang memakai proses pelatihan kepemimpinan "Kemajuan, Masalah, Rencana, Praktik, Doa.

Masalah

"Dunia penuh pemimpin dengan gaya kepemimpinan berbeda. Sebagai pengikut Yesus, gaya kepemimpinan saya harusnya seperti apa?"

Rencana

"Yesus pemimpin teragung sepanjang masa. Tiada manusia yang lebih sering memengaruhi lebih banyak orang daripada Yesus. Dalam pelajaran ini, kita akan lihat cara Yesus memimpin orang lain, sehingga kita bisa meniru Dia."

Tinjauan

Selamat Datang
Siapa yang Mendirikan Gereja?
Mengapa Itu Penting?
Bagaimana Yesus Mendirikan Gereja-Nya?
    Kuat dalam Tuhan ✋
    Berbagi Kabar Gembira ✋
    Bentuk Murid ✋
    Rintis Grup dan Gereja ✋
    Kembangkan Pemimpin ✋

> *–I Korintus 11:1–Ikutilah teladanku, sama seperti aku juga mengikuti teladan Kristus. (LAI-TB)*

Latih Seperti Yesus
Bagaimana Yesus Melatih Para Pemimpin?
    Kemajuan ✋
    Masalah ✋
    Rencana ✋
    Praktik ✋
    Doa ✋

> *–Lukas 6:40–Seorang murid tidak lebih daripada gurunya, tetapi siapa saja yang telah tamat pelajarannya akan sama dengan gurunya.(LAI-TB)*

Menurut Yesus, Siapa Pemimpin Terbesar?

–MATIUS 20:25-28–
TETAPI YESUS MEMANGGIL MEREKA LALU BERKATA, "KAMU TAHU BAHWA PEMERINTAH-PEMERINTAH BANGSA-BANGSA BERTINDAK SEBAGAI TUAN ATAS RAKYATNYA, DAN PARA PEMBESARNYA BERTINDAK SEWENANG-WENANG

ATAS MEREKA. TIDAKLAH DEMIKIAN DI ANTARA KAMU. SIAPA SAJA YANG INGIN MENJADI BESAR DI ANTARA KAMU, HENDAKLAH IA MENJADI PELAYANMU, DAN SIAPA SAJA YANG INGIN MENJADI YANG PERTAMA DI ANTARA KAMU, HENDAKLAH IA MENJADI HAMBAMU; --MRK 10:45-- KARENA ANAK MANUSIA JUGA DATANG BUKAN UNTUK DILAYANI, MELAINKAN UNTUK MELAYANI DAN UNTUK MEMBERIKAN NYAWA-NYA MENJADI TEBUSAN BAGI BANYAK ORANG. (LAI-TB)

"Pemimpin terbesar adalah pelayan terbesar."

> Hormat seperti prajurit, lalu satukan tangan dan tunduk seperti pelayan.

Apa Tujuh Kualitas dari seorang Pemimpin hebat?

–YOHANES 13:1-17–

¹SEHARI SEBELUM HARI RAYA PASKAH, YESUS TAHU BAHWA SUDAH WAKTUNYA IA MENINGGALKAN DUNIA INI UNTUK KEMBALI KEPADA BAPA-NYA. IA MENGASIHI ORANG-ORANG YANG MENJADI MILIK-NYA DI DUNIA, DAN IA TETAP MENGASIHI MEREKA SAMPAI PENGHABISAN. ²YESUS DAN PENGIKUT-PENGIKUT-NYA SEDANG MAKAN MALAM. IBLIS SUDAH MEMASUKKAN NIAT DI DALAM HATI YUDAS ANAK SIMON ISKARIOT UNTUK MENGKHIANATI YESUS.

³YESUS TAHU BAHWA BAPA SUDAH MENYERAHKAN SELURUH KEKUASAAN KEPADA-NYA. IA TAHU JUGA BAHWA IA DATANG DARI ALLAH DAN AKAN KEMBALI PADA ALLAH.

⁴SEBAB ITU IA BERDIRI, MEMBUKA JUBAH-NYA, DAN MENGIKAT ANDUK PADA PINGGANG-NYA.

⁵Sesudah itu Ia menuang air ke dalam sebuah baskom, lalu mulai membasuh kaki pengikut-pengikut-Nya dan mengeringkannya dengan anduk yang terikat di pinggang-Nya.

⁶Sampailah Ia kepada Simon Petrus, yang berkata, "Tuhan, masakan Tuhan yang membasuh kaki saya?"

⁷Yesus menjawab, "Sekarang engkau tidak mengerti apa yang Kulakukan ini, tetapi nanti engkau akan mengerti."

⁸"Jangan, Tuhan," kata Petrus kepada Yesus, "Jangan sekali-kali Tuhan membasuh kaki saya!" Tetapi Yesus menjawab, "Kalau Aku tidak membasuhmu, engkau tidak ada hubungan dengan Aku."

⁹"Simon Petrus berkata, "Kalau begitu, Tuhan, jangan hanya kaki saya tetapi tangan dan kepala saya juga!"

¹⁰"Orang yang sudah mandi, sudah bersih seluruhnya," kata Yesus kepada Petrus. "Ia tidak perlu dibersihkan lagi; kecuali kakinya. Kalian ini sudah bersih, tetapi tidak semuanya."

¹¹Yesus sudah tahu siapa yang akan mengkhianati-Nya. Itu sebabnya Ia berkata, "Kalian ini sudah bersih, tetapi tidak semuanya.

¹²Sesudah Yesus membasuh kaki mereka, Ia memakai kembali jubah-Nya dan duduk lagi. Lalu Ia berkata kepada mereka, "Mengertikah kalian apa yang baru saja Kulakukan kepadamu?

¹³Kalian memanggil Aku Guru dan Tuhan. Dan memang demikian.

¹⁴Kalau Aku sebagai Tuhan dan Gurumu membasuh kakimu, kalian wajib juga saling membasuh kaki.

¹⁵Aku memberi teladan ini kepada kalian, supaya kalian juga melakukan apa yang sudah Kulakukan kepadamu.

¹⁶SUNGGUH BENAR KATA-KU INI: SEORANG HAMBA TIDAK LEBIH BESAR DARI TUANNYA, DAN SEORANG UTUSAN TIDAK LEBIH BESAR DARI YANG MENGUTUSNYA.17KALAU KALIAN SUDAH TAHU SEMUANYA INI, BAHAGIALAH KALIAN JIKA MELAKUKANNYA.

1. PEMIMPIN HEBAT MENGASIH SESAMA

"Pada ayat 1, Yesus dan murid-murid mengadakan perjamuan terakhir sebelum Yesus disalibkan. Alkitab katakan bahwa Yesus mengasihi mereka sampai akhir dan menunjukkan betapa Ia mengasihi mereka pada perjamuan ini.

Sebagai pemimpin, orang bisa saja sulit mengasihi ketika mereka melakukan kesalahan, tetapi Yesus mengasihi orang yang dipimpin-Nya hingga akhir.

Sebagai pemimpin, orang bisa saja sulit mengasihi ketika mereka mengkritik Anda, tetapi Yesus mengasihi orang yang dipimpin-Nya hingga akhir.

Sebagai pemimpin, orang bisa saja sulit mengasihi ketika mereka membiarkanmu jatuh, tetapi Yesus mengasihi orang yang dipimpin-Nya hingga akhir."

✋ **Kasihi sesama**
Tepuk dada dengan tangan.

2. PEMIMPIN HEBAT TAHU MISI MEREKA

"Pada ayat 3, Alkitab katakan bahwa Yesus tahu dari mana Ia datang, dan kemana Ia akan pergi, dan Allah telah menyerahkan segala sesuatu di bawah kuasa-Nya.

Yesus tahu kedatangan-Nya ke dunia memiliki tujuan.

Yesus tahu kedatangan-Nya ke dunia untuk mati di salib demi dosa-dosa kita.

Yesus tahu kedatangan-Nya ke dunia untuk mengalahkan setan dan memulihkan hubungan kita dengan Allah.

Allah memberikan tiap orang misi unik untuk digenapi ketika di bumi. Pemimpin hebat tahu misinya dan mengilhami orang lain mengikuti mereka."

✋ **Tahu misi mereka**
   Hormat seperti prajurit, lalu anggukkan kepala, "ya."

3. PEMIMPIN HEBAT MELAYANI PENGIKUTNYA

"Pada ayat 4, Yesus berdiri dan menanggalkan jubahnya. Lalu, Ia mengikatkan anduk pada pinggangnya dan mulai membasuh kaki murid-murid-Nya.

Pemimpin dunia ini justru berharap dilayani pengikutnya. Namun, pemimpin seperti Yesus, melayani pengikut-Nya.

Pemimpin dunia ini mengendalikan dan menguasai mereka yang dipimpinnya. Namun, pemimpin seperti Yesus, memberdayakan mereka yang mengikutinya."

"Pemimpin duniawi fokus pada diri sendiri dan bukan pada orang yang dipimpinnya. Sebaliknya, pemimpin seperti Yesus berfokus pada kebutuhan pengikutnya, karena tahu bahwa Allah akan memenuhi kebutuhannya jika mereka mengurus orang lain. Allah memberkati kita sehingga kita bisa memberkati orang lain."

✋ Layani Pengikut Mereka
   Tunduk dengan kedua tangan dalam posisi doa klasik.

4. PEMIMPIN HEBAT MENEGUR DENGAN LEMBUT

"Pada ayat 6 sampai 9, Petrus melakukan beberapa kesalahan, tetapi setiap kali Yesus menegurnya dengan lembut.

Petrus meminta Yesus agar tidak membasuh kakinya. Yesus katakan kepadanya bahwa itu perlu untuk persahabatan mereka. Ia menegurnya dengan lembut.

Lalu Petrus meminta Yesus agar membasuh seluruh tubuhnya. Yesus katakan bahwa ia sudah bersih, sekali lagi Ia menegurnya dengan lembut.

Pemimpin dunia mengkritik, menyalahkan, dan menindas orang. Pemimpin seperti Yesus lembut menegur, menyemangati pengikutnya, dan membangun orang-orangnya.

✋ Tegur dengan Lembut
   Bentuk hati dengan jari-jari telunjuk dan ibu jari.

5. PEMIMPIN HEBAT TAHU MASALAH TERKINI DI KELOMPOK

"Pada ayat 10 dan 11, Alkitab katakan kalau Yesus sudah tahu bahwa Yudas merupakan masalah dalam grup dan akan mengkhianati-Nya.

Memahami letak masalah dalam grup dan menghadapinya merupakan bagian penting kepemimpinan. Banyak pemimpin mencoba menghindari masalah yang menimpa kelompoknya, dan masalahnya bertambah besar.

Perhatikan bagaimana Yesus menunjukkan ketenangannya menghadapi Yudas, karena Ia tahu bahwa hanya Allah yang membalas perbuatan iblis, bukan pemimpin."

> ✋ Masalah dalam grup
> Pegang kepala seperti sedang sakit kepala.

6. PEMIMPIN HEBAT MEMBERIKAN TELADAN YANG BAIK UNTUK DIIKUTI

"Pada ayat 12 sampai 16, Yesus menjelaskan alasan-Nya membasuh kaki murid. Ia adalah pemimpin mereka, namun Ia membasuh kaki mereka - tugas pelayan. Yesus menunjukkan bahwa kepemimpinan mencakup saling melayani.

Pengikut mencerminkan dan meniru pemimpin mereka. Jika kita mengikuti Yesus, mereka yang mengikuti kita sebagai pemimpin juga mengikuti Yesus."

> ✋ Berikan teladan baik
> Tunjuk ke langit dan anggukkan kepala "ya."

7. PEMIMPIN HEBAT TAHU DIRINYA DIBERKATI

"Pada ayat 17, Yesus mengatakan kepada murid-murid bahwa Allah akan memberkati mereka jika mereka memimpin orang lain dengan melayani.

Memimpin orang lain kadang sulit, tetapi pengikut Yesus tahu bahwa dirinya diberkati.

Memimpin orang lain kadang sendirian, namun Yesus memberkati orang yang memimpin dengan kehadiran-Nya.

Pengikut tidak selalu menghargai pemimpinnya, tetapi Yesus menjanjikan dukungan Allah kalau kita meneladani-Nya dalam memimpin dengan melayani orang lain.

✋ **Tahu dirinya diberkati**
Angkat kedua tangan ke langit tanda memuji.

Ayat Hafalan

–YOHANES 13:14-15–
KALAU AKU SEBAGAI TUHAN DAN GURUMU MEMBASUH KAKIMU, KALIAN WAJIB JUGA SALING MEMBASUH KAKI. AKU MEMBERI TELADAN INI KEPADA KALIAN, SUPAYA KALIAN JUGA MELAKUKAN APA YANG SUDAH KULAKUKAN KEPADAMU.

- Semua berdiri dan mengucapkan ayat hafalan 10 kali bersama. 6 kali pertama, mereka boleh menggunakan Alkitab atau catatan. 4 kali terakhir, mereka menyebut di luar kepala. Tiap kali, sebutkan nomor ayat sebelum mengutip isinya, dan kembali duduk bila selesai.
- Mengikuti rutinitas ini pelatih akan tahu tim mana yang menyelesaikan pelajaran pada bagian "Praktik."

PRAKTIK

- Bagi peserta ke dalam grup-empat orang.

"Kini, kita akan gunakan proses pelatihan yang juga digunakan Yesus untuk mempraktikkan apa yang kita pelajari dalam pelajaran kepemimpinan ini."

- Jelaskan kepada para pemimpin proses pelatihan tahap demi tahap, dengan memberi mereka 7-8 menit untuk membahas tiap bagian berikut ini.

KEMAJUAN

"Kemukakan kepada grup Anda, mana dari ketujuh kualitas pemimpin hebat yang paling mudah bagi Anda."

MASALAH

"Kemukakan kepada grup Anda, mana dari ketujuh kualitas pemimpin hebat yang paling menantang Anda."

RENCANA

"Kemukakan satu tugas yang akan dilakukan grup pimpinan Anda dalam 30 hari ke depan yang akan membantu mereka meneladani kepemimpinan Yesus."

- Setiap orang harus mencatat rencana partnernya sehingga nanti mereka bisa mendoakannya.

PRAKTIK

"Kemukakan satu kecakapan yang akan Anda praktikkan sendiri dalam 30 hari ke depan guna membantu Anda memperbaiki diri sebagai pemimpin grup."

- Setiap orang harus mencatat item praktik partnernya sehingga nanti mereka bisa mendoakannya.

- Setelah tiap orang selesai berbagi kecakapan yang akan mereka praktikkan, anggota grup berdiri lalu mengucapkan ayat hafalan 10 kali bersama.

DOA

"Gunakan waktu untuk saling mendoakan rencana dan kecakapan yang akan Anda praktikkan dalam 30 hari ke depan agar berkembang sebagai pemimpin."

PENUTUP

Chinlone (Sepak Takraw Myanmar)

- Mintalah enam sukarelawan (sukwan) agar unjuk kemampuan *Chinlone*★ kepada grup. Bantulah keenamnya membentuk lingkaran di tengah ruang.

    "Saya sudah siapkan sebuah tim Chinlone terkenal yang akan unjuk kebolehannya. Mari kita hargai kehadiran mereka dengan bertepuk tangan."

- Atur para pemain dengan satu orang di depan sebagai "pemimpin." Mintalah yang lain membentuk dua baris menghadap si pemimpin.

    "Pertama, tim Chinlone kita akan bermain dalam gaya 'Yunani'. Dengarkan aturan yang akan mereka ikuti. Tiap orang harus tendang bola ke pemimpin. Setelah pemimpin terima bola, ia akan tendang bolanya ke pemain lain. Kita akan menghukum pemain yang menendang bola ke pemain lain, alih-alih ke pemimpin."

- Mintalah tim bermain *Chinlone* dalam gaya "Yunani." Bermain dengan cara ini menjadikan pemain kikuk dan bingung. Secara jenaka, tarik pemain yang menendang bola ke bukan pemimpin. Serukan, "Penalti!" Betulkan kesalahannya dan tunjukkan bahwa mereka harus tendang bola ke pemimpin.

    "Apa yang terjadi ketika mereka bermain dengan cara ini?" (Memainkannya dengan aturan ini sungguh sulit. Para pemain kelihatan bosan. Tidak menyenangkan.)

- Kini, mintalah para pemain membentuk lingkaran *Chinlone* biasa, tetapi "pemimpin" berada di tengah.

    "Kali ini grup Chinlone akan memainkan gaya Ibrani, tetapi dengan pemimpin yang berusaha mengendalikan segalanya. Aturan sama - pemain harus menendang bola ke pemimpin yang kemudian menendang ke pemain lain."

- Tim akan bermain lebih baik kali ini, tetapi pemimpin akan menunjukkan tanda kelelahan setelah beberapa menit. Berikan penalti secara jenaka jika bola ditendang ke bukan pemimpin.

    "Apa yang terjadi ketika mereka bermain dengan cara ini?" (Pemimpin bekerja keras dan menjadi sangat lelah. Para pemain membuat banyak kesalahan. Menjemukan.)

- Mintalah pemain membentuk lingkaran *Chinlone* tradisional dengan setiap orang, termasuk si pemimpin, dalam lingkaran. Katakan bahwa mereka tidak harus setiap kali menendang bola ke pemimpin. Mintalah mereka memainkan *Chinlone* sebagaimana biasanya.

"Kini, tim Chinlone terkenal akan menunjukkan Chinlone gaya Ibrani yang benar."

- Biarkan mereka bermain beberapa menit hingga semua peserta seminar merasa senang menyaksikan dan mengomentari permainan mereka.

"Apa yang terjadi ketika mereka bermain dengan cara ini? (Seluruh tim bersatu. Seluruh tim berhasil. Mereka menunjukkan permainan yang mengagumkan.)

Cara ketiga bermain Chinlone merupakan contoh bagus kepemimpinan pelayan. Pemimpin membantu setiap orang ambil bagian dan berkontribusi dalam grup. Pemimpin tidak menangani segalanya, tetapi memberikan orang lain kebebasan mengekspresikan gaya uniknya. Inilah teladan kepemimpinan yang diberikan Yesus untuk kita ikuti."

- Mintalah seorang pemimpin dalam grup untuk menutup sesi ini dalam doa.

"Doakan kita semua sebagai pemimpin agar memimpin seperti Yesus, dan rencana-rencana kita bagi kelompok-kelompok kecil kita. Doakan pula kecakapan yang akan kita praktikkan untuk berkembang sebagai pemimpin selama 30 hari ke depan."

*Chinlone adalah sejenis permainan sepak takraw, khusus dimainkan oleh pria Myanmar. Para peserta membentuk lingkaran dan saling mengoper bola hanya menggunakan kaki. Tujuan Chinlone adalah menjaga agar bola tidak jatuh ke tanah selama mungkin. Pemain sering membuat tendangan dan gerakan khusus untuk mengesankan orang lain. Tinggi dan ketepatan pengoperan mendapat aplaus terbanyak dari penonton dan peserta.

Orang memainkan Chinlone di seluruh Asia, tetapi tiap negara mempunyai namanya sendiri. Tanyakan nama permainan ini pada penduduk tempat Anda melatih.

Jika Anda sedang melatih pemimpin di daerah yang tidak mengenal Chinlone, Anda boleh mengganti bolanya dengan gulungan kertas bekas, dsb. Gunakan balon untuk menjalankan tujuan pelatihan yang sama.

4

Kuat Bertumbuh

Para pemimpin yang Anda latih akan memimpin grup dan belajar betapa mereka perlu berkorban untuk memimpin orang lain. Pemimpin menghadapi pergolakan spiritual secara signifikan dari luar kelompoknya dan perbedaan kepribadian di dalam kelompoknya. Kunci kepemimpinan efektif adalah mengenali berbagai tipe kepribadian dan belajar bagaimana bekerja sama secara efektif sebagai tim. Pelajaran "Kuat Bertumbuh" memberi para pemimpin cara sederhana untuk membantu orang menemukan tipe kepribadian mereka. Kalau kita memahami bagaimana Allah menjadikan kita, kita memiliki petunjuk kuat tentang bagaimana kita bisa bertumbuh kian kuat di dalam Dia.

Ada delapan tipe kepribadian: prajurit, pencari, gembala, penabur, putra/putri, orang kudus, pelayan, dan bendahara. Setelah membantu para pemimpin menemukan tipe mereka, pelatih membahas kekuatan dan kelemahan tiap tipe. Banyak orang menganggap Allah mengasihi tipe kepribadian yang paling dihargai kebudayaannya. Pemimpin lain yakin bahwa kemampuan kepemimpinan bergantung pada kepribadian. Keyakinan yang membatasi ini praktis tidak tepat. Sesi ini usai dengan menekankan bahwa pemimpin harus memperlakukan orang sebagai individu. Pelatihan kepemimpinan harus mengatasi kebutuhan per individu dan bukan satu ukuran yang pas untuk semua.

SYUKUR PUJIAN

- Nyanyikan dua lagu koor atau madah bersama. Mintalah seorang pemimpin mendoakan sesi ini.

KEMAJUAN

- Mintalah pemimpin lain dalam pelatihan untuk berbagi kesaksian singkat (tiga menit) tentang cara Tuhan memberkati kelompoknya. Setelah pemimpin bersaksi, mintalah grup mendoakannya.
- Pilihan lain, tirulah waktu pembinaan dengan pemimpin yang menggunakan model pelatihan kepemimpinan "Kemajuan, Masalah, Rencana, Praktik, Doa.

MASALAH

"Para pemimpin sering secara keliru mengharapkan aksi dan reaksi yang sama dari pengikut mereka. Namun, Allah telah menciptakan manusia dengan kepribadian berbeda. Kunci kepemimpinan yang efektif adalah mengenali perbedaan tipe kepribadian dan belajar bagaimana bekerja sama secara efektif sebagai tim.

Yesus adalah putra dan menginginkan kasih dan kesatuan berlimpah dalam keluarga-Nya. Memahami perbedaan kepribadian akan membantu kita lebih mengasihi sesama."

Rencana

"Dalam pelajaran ini, kita akan belajar delapan tipe kepribadian yang berbeda. Anda akan menemukan tipe kepribadian mana yang telah diberikan Allah kepada Anda, dan bagaimana membantu orang lain mengenali tipe kepribadiannya. Setiap umat beriman dapat bertumbuh kian kuat di dalam Tuhan kalau mereka memahami bagaimana Allah telah menjadikan mereka."

Tinjauan

Selamat Datang
    Siapa yang Mendirikan Gereja?
    Mengapa Itu Penting?
    Bagaimana Yesus Mendirikan Gereja-Nya?
        Kuat dalam Tuhan ✋
        Berbagi Kabar Gembira ✋
        Bentuk Murid ✋
        Rintis Grup dan Gereja ✋
        Kembangkan Pemimpin ✋

        –I Korintus 11:1–Ikutilah teladanku, sama seperti aku juga mengikuti teladan Kristus. (LAI-TB)

Latih Seperti Yesus
    Bagaimana Yesus Melatih Para Pemimpin?
        Kemajuan ✋
        Masalah ✋
        Rencana ✋
        Praktik ✋
        Doa ✋

–Lukas 6:40–Seorang murid tidak lebih daripada gurunya, tetapi siapa saja yang telah tamat pelajarannya akan sama dengan gurunya.(LAI-TB)

Pimpin Seperti Yesus

Menurut Yesus, Siapa Pemimpin Terbesar? ✋

Apa Tujuh Kualitas dari seorang Pemimpin hebat?
1. Pemimpin hebat Mengasih Sesama ✋
2. Pemimpin hebat Tahu Misi Mereka ✋
3. Pemimpin hebat melayani pengikutnya ✋
4. Pemimpin hebat menegur dengan lembut ✋
5. Pemimpin hebat tahu masalah terkini di kelompok ✋
6. Pemimpin hebat memberi teladan baik untuk diikuti ✋
7. Pemimpin hebat tahu dirinya diberkati ✋

–Yohanes 13:14-15–Kalau Aku sebagai Tuhan dan Gurumu membasuh kakimu, kalian wajib juga saling membasuh kaki. Aku memberi teladan ini kepada kalian, supaya kalian juga melakukan apa yang sudah Kulakukan kepadamu.

Allah Memberi Anda Kepribadian Yang Mana?

- Mintalah para pemimpin membuat lingkaran besar pada selembar kertas bersih dalam buku catatannya.

"Lingkaran saya ini mewakili semua orang di dunia."

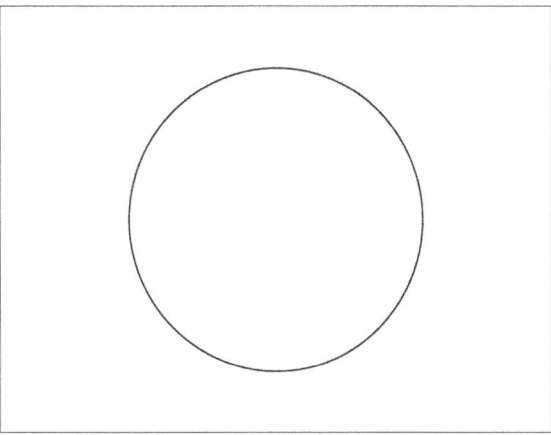

- Mintalah para pemimpin membuat garis datar di tengah lingkaran. Namai sisi kanan lingkaran dengan "relasi" dan sisi kiri, "tugas."

"Setiap orang tergolong dalam salah satu dari dua grup: orang yang lebih 'berfokus-tugas' dan yang lebih berfokus "relasi." Allah menciptakan kedua tipe itu, maka tidak satu pun lebih baik atau lebih buruk; begitulah Allah menciptakan manusia. Pilih satu titik pada garis yang menurut Anda paling baik mewakili tipe kepribadian Anda."

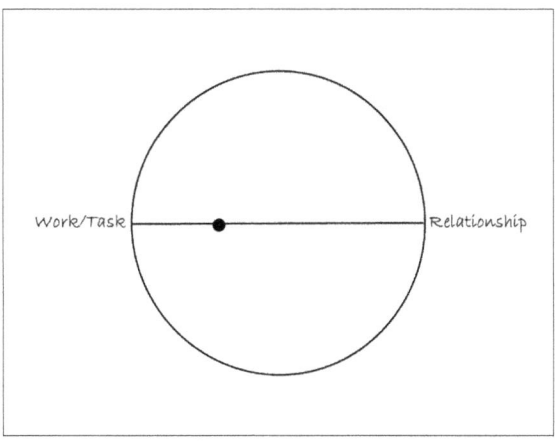

(Orang yang lebih berfokus-tugas akan menaruh titik pada garis lebih dekat ke kiri. (Orang yang lebih berfokus-relasi akan menaruh titik pada garis lebih dekat ke kanan. Jika seseorang berfokus separuh relasi-separuh tugas, katakan agar menaruh tandanya lebih dekat ke garis tengah, tetapi pada salah satu sisi.)

"Tunjukkan hasil Anda kepada teman di samping Anda dan perhatikan apakah ia setuju dengan titik pilihan Anda. Gunakan sekitar lima menit untuk ini."

- Mintalah para pemimpin membuat garis tegak yang memotong lingkaran menjadi empat bagian sama besar. Namai bagian teratas dengan "ekstrovert" dan terbawah, "introvert"

"Semua orang di dunia ini juga tergolong dalam dua grup lagi: mereka yang lebih berorientasi 'keluar' (ekstrovert) dan yang lebih berorientasi 'ke dalam' (introvert). Tidak satu pun fokus yang lebih baik daripada lainnya. Begitulah Allah menjadikan manusia.

Pilih tempat pada garis tegak yang paling mewakili preferensi Anda."

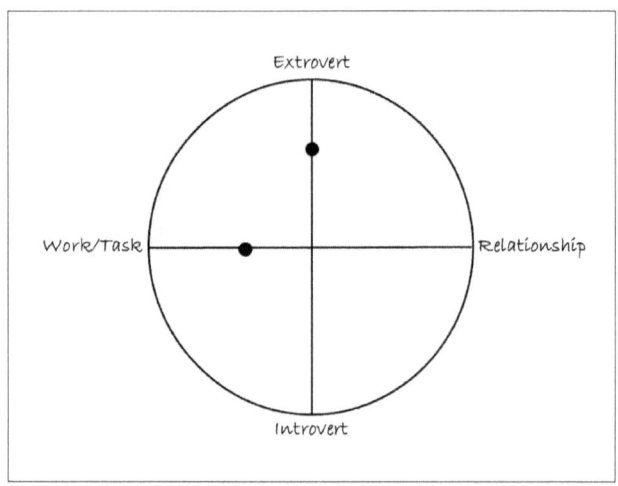

(Pribadi 'keluar' akan menandai lebih dekat ke puncak lingkaran. Pribadi 'ke dalam' akan membuat tanda ke bawah lingkaran. Jika seseorang berfokus separuh 'keluar'- separuh 'ke dalam', katakan agar menaruh tandanya lebih dekat ke garis tengah, tetapi pada salah satu sisi.)

"Tunjukkan hasil Anda kepada teman di samping Anda dan perhatikan apakah ia setuju dengan titik pilihan Anda. Gunakan sekitar lima menit untuk ini."

- Mintalah para pemimpin menarik garis silang ("X") yang membagi lingkaran menjadi delapan bagian.
- Lalu mereka membuat kotak bergaris titik-titik untuk menentukan di bagian mana letak kepribadiannya.
- Ilustrasi di bawah ini menunjukkan diagram lengkap orang dengan kepribadian pencari.

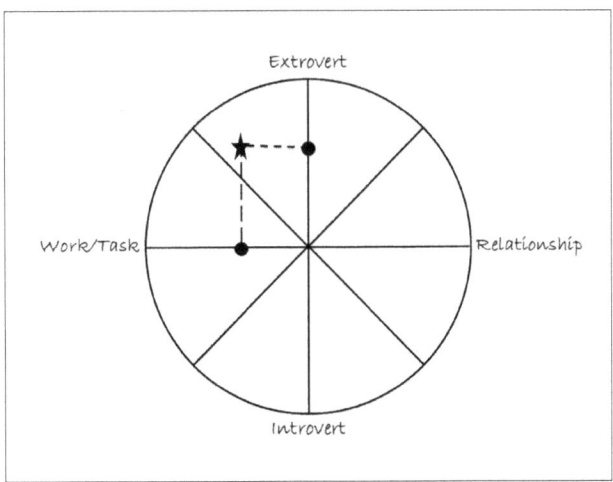

- Mulailah dengan bidang jam 9:00 - 10:30, searah jarum jam, dan jelaskan delapan jenis kepribadian berikut:
- Tuliskan nama tipe kepribadian dalam ruang kosong saat Anda menjelaskan kualitas positif dan negatif yang dimilikinya.

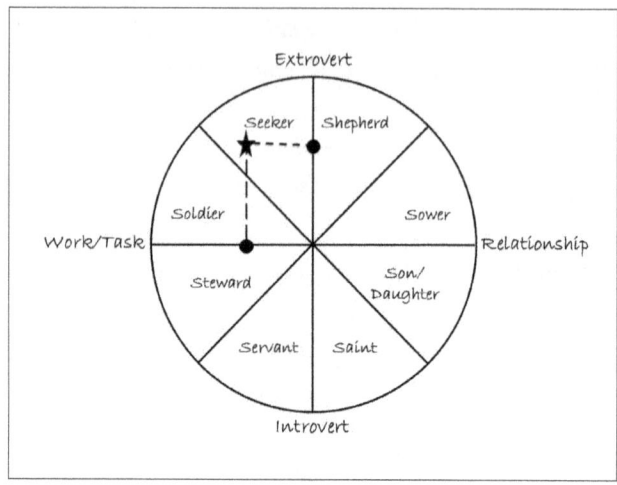

PRAJURIT

- Fokus tugas tinggi, agak lebih ekstrovert dari introvert.
- Positif: Mengerti apa yang perlu demi kemenangan, tekun dan terhormat, bersikap "apa pun terima."
- Negatif: Bisa saja mendominasi dan tak peka, mungkin menang tempur tetapi kalah perang.

PENCARI

- Orientasi ekstrovert tinggi, agak lebih berfokus tugas daripada relasi.
- Positif: Melihat kesempatan baru, jaringan kerja bagus, seorang pengusaha.
- Negatif: Mungkin mencari kesenangan, bisa saja tidak bisa fokus pada satu pekerjaan, mungkin berpikir yang baru selalu lebih baik.

GEMBALA

- Orientasi ekstrovert tinggi, sedikit lebih berfokus relasi daripada tugas.
- Positif: Mengerti kebutuhan rohani orang, senang memimpin grup, dan unggul dalam menyemangati orang yang mengalami pergumulan batin.
- Negatif: Bisa saja bersifat bos, mungkin merintis grup kecil, mungkin mengupayakan kerja sama dengan kepemimpinan yang ada.

PENABUR

- Fokus relasi tinggi, agak lebih ekstrovert dari introvert.
- Positif: Melihat potensi dalam diri orang, membina, terus mengembangkan diri.
- Negatif: Mungkin menebar perselisihan, berjuang tanpa semangat, terlalu sering membicarakan topik favoritnya.

PUTERA ATAU PUTERI

- Fokus relasi tinggi, agak lebih introvert dari ekstrovert.
- Positif: Melihat apa yang dilakukannya bagi orang lain sebagai "bagian dari keluarga," suka damai, dan menekankan pentingnya individu.
- Negatif: Mungkin percaya bahwa keluarganya yang "terbaik," bisa saja cemburu dan gelisah.

ORANG KUDUS

- Orientasi introvert tinggi, agak lebih fokus relasi daripada tugas.

- Positif: Mengerti cara orang bisa berhubungan dengan Allah, memegang tradisi, merupakan seruan moral dari komunitasnya.
- Negatif: Mungkin kelihatan "lebih suci daripada Anda," berjuang menerima orang lain, kadang legalistik.

PELAYAN

- Orientasi introvert tinggi, agak lebih fokus tugas daripada relasi.
- Positif: Mengerti cara memenuhi kebutuhan fisik orang, loyal, bekerja sangat baik di balik layar.
- Negatif: Melayani orang lain tetapi mungkin tidak mengurus keluarganya sendiri, lamban menerima perubahan, sulit melihat gambaran besar.

BENDAHARA

- Fokus tugas tinggi, agak lebih introvert dari ekstrovert.
- Positif: Mengerti cara terbaik mengatur sumber daya, bijak dan praktis.
- Negatif: Mungkin macet dalam birokrasi, kurang empati, atau menempatkan kepentingan organisasi di atas kebutuhan nyata orang.

  "Tunjukkan kepada partner, Anda mirip tipe kepribadian mana dan berikan contoh."

Tipe Kepribadian Mana yang Paling Disukai Allah?

- Biarkan para pemimpin mendebat topik ini. Jawabannya akan memberi Anda wawasan mendalam tentang kebudayaan mereka. Tiap kebudayaan lebih cenderung menghargai satu atau dua citra Kristus daripada citra-Nya yang lain.

"Allah menciptakan tiap tipe kepribadian dan setelah mencipta Ia berfirman, 'Semua baik adanya.' Semua tipe merupakan favorit-Nya.

Tipe Kepribadian Mana yang menghasilkan Pemimpin Terbaik?

- *Mintalah para pemimpin membahas pertanyaan ini. Biasanya, dua atau tiga citra Kristus akan muncul sebagai favorit. Mereka akan berdebat soal dua atau tiga tipe kepribadian ini sebagai yang terbaik bagi pemimpin. Kita sudah tahu jawaban untuk membedakan secara signifikan antara budaya Barat dan Timur. Setelah grup mengutarakan pandangan mereka, sampaikan wawasan berikut ini kepada mereka.*

"Banyak orang terkejut ketika mengetahui Anda bisa menjadi pemimpin hebat dengan salah satu dari delapan tipe kepribadian. Kepemimpinan tidak bergantung pada kepribadian. Saya bisa membawa Anda ke delapan gereja-mega di Amerika dengan jemaat lebih dari 5 ribu orang setiap minggu. Sebagian besar orang akan mengatakan bahwa gereja-gereja ini dipimpin oleh pemimpin hebat. Jika Anda berbicara dengan berbagai gembala, akan Anda tahu bahwa tiap gembala mempunyai tipe kepribadian yang berbeda. Setiap gembala memimpin dengan citra Kristus yang berbeda. Kepribadian bukan sesuatu yang menghasilkan pemimpin bagus. Pemimpin bagus adalah orang yang bisa memimpin seluruh tim bekerja sama dan berhasil. Yesus-lah pemimpin teragung sepanjang masa. Ikuti Dia dan Anda akan menjadi pemimpin hebat pula."

Ayat Hafalan

> –ROMA 12:4-5–
> TUBUH KITA MEMPUNYAI BANYAK ANGGOTA. SETIAP ANGGOTA ADA TUGASNYA SENDIRI-SENDIRI. BEGITU JUGA DENGAN KITA. MESKIPUN KITA SEMUANYA BANYAK, NAMUN KITA MERUPAKAN SATU TUBUH KARENA KITA BERSATU PADA KRISTUS. DAN KITA MASING-MASING BERHUBUNGAN SATU DENGAN YANG LAIN SEBAGAI ANGGOTA-ANGGOTA DARI SATU TUBUH.

- Semua berdiri dan mengucapkan ayat hafalan 10 kali bersama. 6 kali pertama, mereka boleh menggunakan Alkitab atau catatan. 4 kali terakhir, mereka menyebut di luar kepala. Tiap kali, sebutkan nomor ayat sebelum mengutip isinya, dan kembali duduk bila selesai.
- Mengikuti rutinitas ini pelatih akan tahu tim mana yang menyelesaikan pelajaran pada bagian "Praktik."

PRAKTIK

- Bagi peserta ke dalam grup-empat orang. Mintalah mereka menggunakan proses pelatihan serta pelajaran kepemimpinan.
- Jelaskan kepada para pemimpin proses pelatihan tahap demi tahap, dengan memberi mereka 7-8 menit untuk membahas tiap bagian berikut ini.

KEMAJUAN

> "Kemukakan satu dari delapan tipe orang yang paling Anda sukai dan berikan contoh."

MASALAH

"Kemukakan satu dari delapan tipe orang yang kurang Anda sukai dan berikan contoh."

RENCANA

"Kemukakan rencana sederhana untuk mengetahui pelbagai tipe kepribadian dalam grup Anda di bulan berikut."

- Setiap orang mencatat rencana partnernya sehingga nanti mereka bisa mendoakannya.

PRAKTIK

"Kemukakan satu tugas yang akan Anda kerjakan dalam 30 hari ke depan guna membantu Anda memperbaiki diri sebagai pemimpin grup."

- Setiap orang harus mencatat item praktik partnernya sehingga nanti mereka bisa mendoakannya.
- Para pemimpin berdiri dan mengulangi ayat hafalan sepuluh kali bersama setelah semuanya berbagi kecakapan yang akan mereka praktikkan.

DOA

"Gunakan waktu untuk saling mendoakan rencana dan kecakapan yang akan Anda praktikkan dalam 30 hari ke depan agar berkembang sebagai pemimpin."

Penutup

Cheeseburger Amerika ✎

> *"Mintalah para pemimpin menganggap kalian sedang di restoran. Ajaklah mereka bergabung dalam grup-tiga atau empat dan jelaskan bahwa grup mereka ibarat "meja," tempat mereka sedang makan. Katakan bahwa Anda pramusaji yang akan mengurus pesanan mereka."*

- Gantung serbet di lengan Anda, datangi meja pertama, dan tanyakan apa yang ingin mereka makan. Apa pun pesanannya, katakan "Maaf, kami kehabisan itu, sebagai ganti, saya akan sajikan Cheeseburger Amerika."
- Setelah beberapa meja, sebagian besarnya akan pesan Cheeseburger Amerika karena mereka sudah tahu hanya itu yang Anda punya.

> *"Lakon ini melukiskan kekeliruan umum dalam kepemimpinan. Pemimpin berharap tiap orang akan bertindak dan menjadi sama, tetapi Allah membuat tiap orang berbeda. Pemimpin yang baik belajar bagaimana bekerja sama de- ngan berbagai tipe kepribadian. Mereka mengajari orang cara bekerja sama dan menghargai perbedaan."*

- Mintalah seorang pemimpin memanjatkan doa syukur sebab Tuhan menciptakan manusia secara berbeda.

5

Lebih Kuat Bersama

Para pemimpin sudah tahu tipe kepribadian mereka dalam pelajaran terakhir. "Lebih Kuat Bersama" menunjukkan bagaimana tipe kepribadian mereka berinteraksi dengan orang lain. Mengapa orang memiliki delapan jenis kepribadian yang berbeda di dunia ini? Ada yang bilang bahtera Nuh memuat delapan orang sementara yang lain mengatakan Allah menciptakan tipe kepribadian sesuai tiap titik mata angin – utara, timur laut, timur, dst. Kita bisa menjelaskan alasannya dengan mudah. Dunia ini memiliki delapan jenis kepribadian berbeda karena Allah menciptakan manusia menurut citra-Nya. Jika ingin melihat seperti apa rupa Allah, Alkitab katakan, lihatlah Yesus. Delapan tipe kepribadian dasar di dunia ini mencerminkan delapan citra Yesus.

Yesus seperti prajurit – panglima besar balatentara Allah. Ia seperti pencari – menemukan dan menyelamatkan orang yang hilang. Ia seperti gembala – memberikan pengikutnya makan, minum, dan istirahat. Yesus seperti penabur – menabur Sabda Allah dalam kehidupan kita. Ia adalah putera - Allah menyebut-Nya anak kesayangan dan memerintahkan kita untuk mendengarkan Dia. Yesus adalah penebus dan memanggil kita untuk mewakili-Nya di dunia sebagai orang-orang kudus. Dia adalah pelayan – taat pada Bapa-Nya, bahkan sampai mati. Terakhir, Yesus adalah bendahara - banyak perumpamaan berupa pengelolaan waktu, uang, atau orang.

Setiap pemimpin mengemban tanggung jawab membantu orang bekerja sama. Konflik terjadi secara tak terhindarkan di antara berbagai kepribadian karena mereka menilik dunia secara berbeda. Dua cara paling umum ketika orang berurusan dengan konflik adalah menghindar atau melawan. Cara ketiga menangani konflik, oleh tuntunan Roh Kudus, adalah mencari solusi yang menghargai dan mengakui masing-masing tipe kepribadian. Sesi ini berakhir dengan lomba drama yang menunjukkan kebenaran ini secara jenaka. Bagan "delapan citra Kristus" membantu kita memahami bagaimana mengasihi orang lain dengan lebih baik. Inilah tugas segenap pengikut Yesus.

SYUKUR PUJIAN

- Nyanyikan dua lagu koor atau madah bersama. Mintalah seorang pemimpin mendoakan sesi ini.

KEMAJUAN

- Mintalah pemimpin lain dalam pelatihan untuk berbagi kesaksian singkat (tiga menit) tentang cara Tuhan memberkati kelompoknya. Setelah pemimpin bersaksi, mintalah grup mendoakannya.
- Pilihan lain, tirulah waktu pembinaan dengan pemimpin yang menggunakan model pelatihan kepemimpinan "Kemajuan, Masalah, Rencana, Praktik, Doa.

Masalah

"Kita sudah mempelajari delapan tipe kepribadian yang berbeda dalam pelajaran terakhir. Pengetahuan ini membantu kita memahami bagaimana konflik terjadi dalam grup. Tiada yang lebih cepat menghentikan suatu misi atau pelayanan daripada konflik. Orang sa- ling melontarkan ucapan pedas dan melukai perasaan satu sama lain. Maka, misi atau pelayanan mulai bergerak dalam gerak-lambat."

Rencana

"Yesus adalah Penebus dan memanggil pengikut-Nya menjadi orang kudus yang mewakili-Nya di dunia ini. Dunia tahu kita adalah orang Kristen melalui cara kita menangani konflik bersama-sama. Rencana pelajaran ini adalah untuk menunjukkan kepada Anda mengapa konflik terjadi dan bagaimana mengatasi perselisihan bila itu terjadi."

Tinjauan

Selamat Datang
    Siapa yang Mendirikan Gereja?
    Mengapa Itu Penting?
    Bagaimana Yesus Mendirikan Gereja-Nya?
        Kuat dalam Tuhan ✋
        Berbagi Kabar Gembira ✋
        Bentuk Murid ✋
        Rintis Grup dan Gereja ✋
        Kembangkan Pemimpin ✋

–I Korintus 11:1–Ikutilah teladanku, sama seperti aku juga mengikuti teladan Kristus. (LAI-TB)

Latih Seperti Yesus

Bagaimana Yesus Melatih Para Pemimpin?
- Kemajuan
- Masalah
- Rencana
- Praktik
- Doa

> –Lukas 6:40–Seorang murid tidak lebih daripada gurunya, tetapi siapa saja yang telah tamat pelajarannya akan sama dengan gurunya.(LAI-TB)

Pimpin Seperti Yesus

Menurut Yesus, Siapa Pemimpin Terbesar?
Apa Tujuh Kualitas dari seorang Pemimpin hebat?
1. Pemimpin hebat Mengasih Sesama
2. Pemimpin hebat Tahu Misi Mereka
3. Pemimpin hebat melayani pengikutnya
4. Pemimpin hebat menegur dengan lembut
5. Pemimpin hebat tahu masalah terkini di kelompok
6. Pemimpin hebat memberi teladan baik untuk diikuti
7. Pemimpin hebat tahu dirinya diberkati

> –Yohanes 13:14-15–Kalau Aku sebagai Tuhan dan Gurumu membasuh kakimu, kalian wajib juga saling membasuh kaki. Aku memberi teladan ini kepada kalian, supaya kalian juga melakukan apa yang sudah Kulakukan kepadamu.

Kuat Bertumbuh

Allah Memberi Anda Kepribadian Yang Mana?
- Prajurit
- Pencari
- Gembala
- Penabur

Putera/Puteri
Orang Kudus
Pelayan
Bendahara

Tipe Kepribadian Mana yang Paling Disukai Allah?
Tipe Kepribadian Mana yang menciptakan Pemimpin Terbaik?

> –Roma 12:4-5–Tubuh kita mempunyai banyak anggota. Setiap anggota ada tugasnya sendiri-sendiri. Begitu juga dengan kita. Meskipun kita semuanya banyak, namun kita merupakan satu tubuh karena kita bersatu pada Kristus. Dan kita masing-masing berhubungan satu dengan yang lain sebagai anggota-anggota dari satu tubuh.

Mengapa Ada Delapan Jenis Manusia Di Dunia?

> –KEJADIAN 1:26–
> BERFIRMANLAH ALLAH: "BAIKLAH KITA MENJADIKAN MANUSIA MENURUT GAMBAR DAN RUPA KITA. . . ."

> –KOLOSE 1:15–
> IA (YESUS) ADALAH GAMBAR ALLAH YANG TIDAK KELIHATAN, YANG SULUNG, LEBIH UTAMA DARI SEGALA YANG DICIPTAKAN.

"Manusia diciptakan menurut citra Allah. Jika Anda ingin melihat citra Allah yang tak kelihatan, lihatlah Yesus. Bahkan dalam kejatuhan kita, kita mencerminkan Yesus. Ada delapan gambaran tentang Yesus dalam Alkitab yang membantu kita mengerti seperti apa Yesus itu."

Yesus itu Seperti Apa?

PRAJURIT

–Matius 26:53–
Atau kausangka bahwa Aku tidak dapat berseru kepada Bapa-Ku, supaya Ia segera mengirim lebih dari dua belas pasukan malaikat membantu Aku? (LAI-TB)

✋ Prajurit
Acungkan pedang.

PENCARI

–Luk 19:10–
Sebab Anak Manusia datang untuk mencari dan menyelamatkan yang hilang." (LAI-TB)

✋ Pencari
Tengok kiri-kanan dengan tangan di atas mata.

GEMBALA

–Yohanes 10:11–
Akulah gembala yang baik. Gembala yang baik menyerahkan nyawanya bagi domba-dombanya.

✋ Gembala
Gerakkan tangan ke arah dada seolah sedang mengumpulkan orang.

PENABUR

–Matius 13:37–
Ia menjawab, "Orang yang menaburkan benih baik ialah Anak Manusia,(LAI-TB)

✋ **Penabur**
Tebarkan benih dengan tangan.

PUTERA ATAU PUTERI

–Lukas 9:35–
Maka terdengarlah suara dari dalam awan itu, yang berkata: "Inilah Anak-Ku yang Kupilih, dengarkanlah Dia."

✋ **Putera**
Gerakkan tangan ke mulut seolah sedang makan.

PENEBUS/ORANG KUDUS

–Mark 8:31–
Kemudian mulailah Yesus mengajarkan kepada mereka bahwa Anak Manusia harus menanggung banyak penderitaan dan ditolak oleh tua-tua, imam-imam kepala dan ahli-ahli Taurat, lalu dibunuh dan bangkit sesudah tiga hari.

"Kita dipanggil untuk menjadi orang kudus yang mewakili karya penyelamatan-Nya bagi dunia.

✋ **Penebus/Orang Kudus**
Tangkup tangan dalam pose "tangan berdoa" klasik.

PELAYAN

–YOHANES 13:14-15–
KALAU AKU SEBAGAI TUHAN DAN GURUMU MEMBASUH KAKIMU, KALIAN WAJIB JUGA SALING MEMBASUH KAKI. AKU MEMBERI TELADAN INI KEPADA KALIAN, SUPAYA KALIAN JUGA MELAKUKAN APA YANG SUDAH KULAKUKAN KEPADAMU.

✋ Pelayan
Seolah pegang palu.

BENDAHARA

–LUKAS 6:38–
"BERILAH DAN KAMU AKAN DIBERI. SUATU TAKARAN YANG BAIK, YANG DIPADATKAN, YANG DIGUNCANG DAN YANG TUMPAH KE LUAR AKAN DICURAHKAN KE DALAM PANGKUANMU. SEBAB UKURAN YANG KAMU PAKAI UNTUK MENGUKUR, AKAN DIUKURKAN KEPADAMU."

✋ Bendahara
Seolah ambil uang dari saku baju atau dompet.

Apa Tiga Pilihan Yang Kita Miliki Bila Terjadi Konflik?

MENJAUH (RESPONS FISIK)

"Kepribadian berbeda memiliki ide dan cara yang berbeda dalam menjalankan tugas. Orang yang secara langsung berhadapan satu sama lain pada bagan lingkaran khususnya paling banyak

berjuang untuk bekerja sama. Mereka biasanya berusaha saling memahami.

Misalnya, penabur ingin menghabiskan uang dan waktu demi kemajuan orang, tetapi bendahara ingin menghemat uang dan waktu sehingga misi dapat berlanjut. Keputusan yang baik memerlukan kedua sudut pandang. Menekankan satu lebih daripada yang lain melahirkan persaingan dan penilaian buruk.

Bagi kebanyakan orang, mengatasi konflik adalah hal yang sulit dan kedua pihak berakhir tanpa komunikasi. Takut terjadi konflik dan kian terluka, kita menjauh dari orang lain. Moto kita menjadi 'Lebih baik aman daripada menyesal.'

Dalam situasi ini, orang berdalih, menjauh, dan bersembunyi dari orang lain."

> Kepalkan tangan. Gerakkan menjauh satu sama lain dan dari belakang Anda.

SALING MELAWAN (RESPONS FISIK)

"Kadang orang tidak menghindari konflik, tetapi secara terbuka memusuhi orang lain. Kita merasa terluka atau salah paham dan ingin agar orang lain 'menebus' perbuatannya. Kita mungkin melawan dengan ucapan, sikap, atau tinju. Pendaman konflik selalu merupakan penyebabnya.

Misalnya, pencari ingin pengalaman dan peluang baru, sementara orang kudus ingin agar grup tetap pada fondasi yang kokoh. Kita butuh keduanya dalam tubuh Kristus. Dua grup yang bersama-sama mencoba baik yang 'baru' maupun yang 'lama' bisa merupakan tantangan.

Gaya ibadah kelihatannya sangat rentan terhadap masalah ini. Kelompok berkumpul di sekitar gaya mereka dan menjadi suatu kelompok kecil tersendiri dengan gaya yang berbeda. Ucapan, sikap, dan perbuatan saling bertentangan dan persatuan menjadi korban.

Dalam situasi ini, kita berdalih dan saling melawan."

✋ **Kepalkan kedua tangan dan tumbukkan.**

TEMUKAN JALAN MELALUI ROH ALLAH UNTUK BEKERJA SAMA (RESPONS ROH)

"Roh Kudus membimbing respons ketiga. Jika kita sadari bahwa secara fisik kita cenderung melarikan diri atau melawan ketika terjadi konflik, kita bisa meminta dan mengandalkan Roh guna membantu kita menemukan cara bekerja sama. Kita percaya bahwa solusi masalah yang berasal dari segenap tubuh Kristus jauh lebih baik. Respons ketiga mengutamakan komunikasi, kepercayaan, dan kasih di atas segalanya.

"Misalnya, prajurit ingin agar gereja menjadi teratur dan menjalankan misi bersama Allah. Anak lelaki atau wanita, pada sisi lain, ingin agar gereja menjadi tempat penyembuhan keluarga. Prajurit berkonsentrasi pada tugas; anak lelaki atau perempuan berkonsentrasi pada relasi. Jika mereka bersatu dalam Roh, mereka menemukan jalan untuk melaksanakan misi dan membantu setiap orang merasa sebagai 'bagian dari tim.' Kita bekerja, bekerja, dan bekerja - tetapi kita juga bermain, bermain, dan bermain.

Dalam situasi ini, kita temukan cara untuk bersatu dalam Kristus dan bekerja menuju kerajaan-Nya."

✋ Kepalkan tangan bersama, lepaskan kepalan lalu jalin jari-jemari tangan, gerakkan naik turun, seolah sedang bekerja sama.

Ayat Hafalan

–Galatia 2:20–
Saya sudah disalibkan bersama dengan Kristus: dan yang hidup bukan lagi saya, melainkan Kristus yang hidup di dalam saya. (FAYH)

- Semua berdiri dan mengucapkan ayat hafalan 10 kali bersama. 6 kali pertama, mereka boleh menggunakan Alkitab atau catatan. 4 kali terakhir, mereka menyebut di luar kepala. Tiap kali, sebutkan nomor ayat sebelum mengutip isinya, dan kembali duduk bila selesai.
- Mengikuti rutinitas ini pelatih akan tahu tim mana yang menyelesaikan pelajaran pada bagian "Praktik."

Praktik

Lomba Drama ⤐

- Bagi para pemimpin ke dalam grup; tiap grup 8 orang. Katakan bahwa Anda akan mengadakan lomba drama berhadiah. Hadiah pertama akan Anda berikan kepada tim dengan lakon paling lucu dan sesuai kenyataan.
- Tiap anggota grup meniru salah satu citra Kristus. Mereka harus memilih citra yang berbeda dengan kepribadian mereka. Misalnya, jika tipe kepribadiannya adalah "prajurit", ia harus memilih citra Kristus selain "prajurit" untuk melakonkan drama.

- Mereka akan melakonkan "rapat grup tentang perintisan gereja baru di provinsi tetangga" dalam suasana saling konflik (respons fisik), tanpa tuntunan Roh.
- Mereka akan diberi waktu lima menit untuk mementaskan lakon kepada grup. Desak mereka agar "beraksi berlebihan" sehingga orang akan tahu peran apa yang sedang mereka mainkan dalam drama.
- Berikan para pemimpin waktu secukupnya untuk mempraktikkan drama ini (sedikitnya 20 menit).
- Mulai adakan lomba. Di akhir lakon tiap grup, kitari ruangan dan perhatikan apakah para pemimpin bisa menebak peran yang dimainkan. Berikan "juara satu" kepada grup yang paling lucu dan sesuai kenyataan. Ide hadiah: brosur injil, CD ibadat, permen, dll.
- Usai lakon grup, mintalah tiap grup memilih beberapa "pemain-bintang" dari grupnya. Mintalah para "pemain-bintang" pilihan ini membentuk satu tim "pemain-bintang" dan melakonkan ulang drama itu.

SEBUAH PERTANYAAN UMUM

Apa perbedaan antara delapan citra Kristus dan karunia rohani?

Allah menciptakan manusia menurut citra-Nya, dan barang siapa ingin melihat citra Allah yang tak kelihatan, Alkitab katakan, lihatlah Yesus. Delapan citra itu bermakna bahwa betapa manusia sudah "terprogram" dan sungguh sebagai umat beriman maupun tidak beriman. Dengan menggunakan delapan citra sebagai kerangka kerja untuk pertumbuhan rohani, masalah diatasi dengan perbendaharaan karunia rohani. Bagaimana bisa seorang tak-beriman menerima perbendaharaan karunia rohani dan ternyata memiliki berbagai karunia rohani walaupun sama sekali tidak percaya pada Tuhan?

Delapan citra Kristus bagaikan "wadah air" yang ke dalamnya dituangkan karunia rohani lalu dialirkan. Seorang gembala mungkin memiliki karunia rohani belas kasihan, atau nasihat, atau kemurahan hati, sesuai kehendak Roh. Kita sudah amati bahwa beberapa karunia rohani lebih sering mengelompok di sekitar citra Kristus tertentu daripada tidak. Misalnya, karunia melayani dan citra seorang pelayan acap kali seiring sejalan.

6

Berbagi Kabar Gembira

Bagaimana orang bisa percaya jika mereka tak pernah mendengar kabar gembira (injil)? Sayangnya, pengikut Yesus tidak selalu berbagi injil agar orang bisa percaya. Satu alasan yaitu mereka tidak pernah belajar cara memberitakan Injil. Alasan lain yakni mereka sibuk dengan rutinitas harian dan lupa berbagi. Dalam pelajaran "Berbagi Kabar Gembira," para pemimpin akan belajar cara membuat 'gelang injil' untuk dibagikan kepada teman dan keluarganya. Gelang ini mengingatkan kita supaya berbagi dengan orang lain dan merupakan pembuka percakapan yang bagus. Warna-warni pada gelang mengingatkan kita bagaimana berbagi injil dengan orang yang sedang mencari Tuhan.

Gelang injil menunjukkan bagaimana kita telah meninggalkan keluarga Allah. Pada mulanya adalah Allah - manik-manik emas. Roh Kudus menciptakan dunia yang sempurna dengan langit dan lautan - manik-manik biru. Dia menciptakan manusia dan menempatkannya di taman firdaus - manik-manik hijau. Manusia ciptaan pertama tidak mematuhi Allah dan membawa dosa dan penderitaan ke dalam dunia - manik-manik hitam. Allah mengutus Putera tunggal-Nya ke dunia dan Ia menjalani hidup sempurna - manik-manik putih. Yesus menebus dosa kita dengan wafat di salib - manik-manik merah.

Gelang injil menunjukkan kepada kita bagaimana kita dapat kembali ke dalam keluarga Allah dengan membalikkan urutannya. Allah telah berfirman, barang siapa percaya bahwa Yesus telah wafat di salib baginya - manik-manik merah - dan bahwa Yesus adalah Anak Allah - manik-manik putih - dosanya diampuni - manik-manik hitam. Allah mengangkat kita kembali ke dalam keluarga-Nya dan kita menjadi kian serupa dengan Yesus - manik-manik hijau. Allah memberi kita Roh Kudus-Nya - manik-manik biru - dan berjanji kita akan bersama-Nya di surga, tempat yang berkilau keemasan bila kita mati - manik-manik emas.

Akhir pelajaran menunjukkan bahwa Yesus satu-satunya jalan menuju Allah. Tak seorang pun yang cukup cerdas, cukup baik, cukup kuat, atau cukup mengasihi untuk sampai kepada Allah atas upayanya sendiri. Yesus satu-satunya jalan yang akan dilewati manusia untuk kembali pada Allah. Mengikuti Yesus merupakan satu-satunya kebenaran sejati yang membebaskan manusia dari dosa. Hanya Yesus yang sanggup menganugerahkan kehidupan kekal oleh karena kematian-Nya di Salib.

SYUKUR PUJIAN

- Nyanyikan dua lagu koor atau madah bersama. Mintalah seorang pemimpin mendoakan sesi ini.

KEMAJUAN

- Mintalah pemimpin lain dalam pelatihan untuk berbagi kesaksian singkat (tiga menit) tentang cara Tuhan memberkati kelompoknya. Setelah pemimpin bersaksi, mintalah grup mendoakannya.

MASALAH

"Banyak umat beriman berjuang memberitakan injil. Mereka bertanya, 'Kepada siapa aku akan berbagi injil?' dan 'Apa yang akan kukatakan?' Orang beriman kadang sibuk dan gagal menyadari kalau Allah berkarya dalam kehidupan orang lain untuk membawa mereka kepada iman."

RENCANA

"Dalam pelajaran ini, kita akan mengkaji cara praktis berbagi kabar gembira, mempraktikkan cara mewartakannya, dan membuat 'gelang injil' yang akan membantu kita terus ingat untuk lebih sering memberitakan injil."

Tinjauan

Selamat Datang
Siapa yang Mendirikan Gereja?
Mengapa Itu Penting?
Bagaimana Yesus Mendirikan Gereja-Nya?
  Kuat dalam Tuhan ✋
  Berbagi Kabar Gembira ✋
  Bentuk Murid ✋
  Rintis Grup dan Gereja ✋
  Kembangkan Pemimpin ✋

–I Korintus 11:1–Ikutilah teladanku, sama seperti aku juga mengikuti teladan Kristus. (LAI-TB)

Latih Seperti Yesus

Bagaimana Yesus Melatih Para Pemimpin?

- Kemajuan
- Masalah
- Rencana
- Praktik
- Doa

−Lukas 6:40−Seorang murid tidak lebih daripada gurunya, tetapi siapa saja yang telah tamat pelajarannya akan sama dengan gurunya.(LAI-TB)

Pimpin Seperti Yesus

Menurut Yesus, Siapa Pemimpin Terbesar?

Apa Tujuh Kualitas dari seorang Pemimpin hebat?

1. Pemimpin hebat Mengasih Sesama
2. Pemimpin hebat Tahu Misi Mereka
3. Pemimpin hebat melayani pengikutnya
4. Pemimpin hebat menegur dengan lembut
5. Pemimpin hebat tahu masalah terkini di kelompok
6. Pemimpin hebat memberi teladan baik untuk diikuti
7. Pemimpin hebat tahu dirinya diberkati

−Yohanes 13:14-15−Kalau Aku sebagai Tuhan dan Gurumu membasuh kakimu, kalian wajib juga saling membasuh kaki. Aku memberi teladan ini kepada kalian, supaya kalian juga melakukan apa yang sudah Kulakukan kepadamu.

Kuat Bertumbuh

Allah Memberi Anda Kepribadian Yang Mana?

- Prajurit
- Pencari
- Gembala
- Penabur

Putera/Puteri ✋
Orang Kudus ✋
Pelayan ✋
Bendahara ✋

Tipe Kepribadian Mana yang Paling Disukai Allah?
Tipe Kepribadian Mana yang menciptakan Pemimpin Terbaik?

> *–Roma 12:4-5–Tubuh kita mempunyai banyak anggota. Setiap anggota ada tugasnya sendiri-sendiri. Begitu juga dengan kita. Meskipun kita semuanya banyak, namun kita merupakan satu tubuh karena kita bersatu pada Kristus. Dan kita masing-masing berhubungan satu dengan yang lain sebagai anggota-anggota dari satu tubuh.*

Lebih Kuat Bersama

Mengapa Ada Delapan Jenis Manusia Di Dunia?
Yesus itu Seperti Apa?
  Prajurit ✋
  Pencari ✋
  Gembala ✋
  Penabur ✋
  Putera/Puteri ✋
  Penebus/Orang Kudus ✋
  Pelayan ✋
  Bendahara ✋

Apa Tiga Pilihan Yang Kita Miliki Bila Terjadi Konflik?
  Menjauh ✋
  Saling Melawan ✋
  Temukan jalan melalui Roh Allah untuk bekerja sama ✋

> *–Galatia 2:20–Saya sudah disalibkan bersama dengan Kristus: dan yang hidup bukan lagi saya, melainkan Kristus yang hidup di dalam saya.* (FAYH)

Bagaimana Saya Bisa Berbagi Injil Sederhana?

−Luk 24:1-7−
Pada hari Minggu, pagi-pagi sekali, wanita-wanita itu pergi ke kuburan membawa ramuan yang sudah mereka sediakan. Di kuburan, mereka mendapati batu penutupnya sudah terguling. Lalu mereka masuk ke dalam kuburan itu, tetapi tidak menemukan jenazah Tuhan Yesus di situ. Sementara mereka berdiri di situ dan bingung memikirkan hal itu, tiba-tiba dua orang dengan pakaian berkilau-kilauan berdiri dekat mereka. Mereka ketakutan sekali, lalu sujud sampai ke tanah, sementara kedua orang itu berkata kepada mereka, "Mengapa kalian mencari orang hidup di antara orang mati? Ia tidak ada di sini. Ia sudah bangkit! Ingatlah apa yang sudah dikatakan-Nya kepadamu sewaktu Ia masih di Galilea. 'Anak Manusia harus diserahkan kepada orang berdosa, lalu disalibkan, dan pada hari yang ketiga Ia akan bangkit.'"

- Setelah para pemimpin lantang membaca teks alkitab, sebarkan bahan berikut ini kepada tiap peserta:

    1. Manik-manik emas, biru, hijau, hitam, putih dan merah.
    2. Seutas senar atau kawat, 12 inci panjangnya.

- Jelaskan cara membuat "gelang injil." Mulai dengan membuat simpul di tengah senar untuk menahan manik-manik. Selipkan tiap manik-manik pada gelang sambil Anda menjelaskan maknanya.

MANIK-MANIK EMAS

"Pada mulanya adalah Allah Yang Esa."

MANIK-MANIK BIRU

"Lalu, Roh Allah menciptakan segala sesuatu di dunia, meliputi lautan, dan cakrawala."

MANIK-MANIK HIJAU

"Allah menciptakan sebuah taman indah, menciptakan manusia, dan menempatkannya dalam keluarga Allah."

MANIK-MANIK HITAM

"Sayangnya, manusia tidak menaati Allah dan membawa dosa dan derita ke dunia. Karena pemberontakan ini, manusia harus meninggalkan firdaus dan keluarga Allah."

MANIK-MANIK PUTIH

"Namun, Allah tetap mengasihi manusia, sehingga Ia mengutus Yesus, Anak-Nya, ke dunia. Yesus menjalani kehidupan sempurna dan mematuhi Allah dalam segalanya."

MANIK-MANIK MERAH

"Yesus wafat di salib demi dosa kita dan dimakamkan dalam kubur."

- Pada titik ini, para pemimpin tidak menambahkan manik-manik pada gelang injil, tetapi membuat sebuah simpul untuk menahan manik-manik pada tempatnya. Mulailah bagian berikut dengan menunjuk pada manik-manik merah dan lanjutkan lagi hingga Anda berhenti di manik-manik emas.

MANIK-MANIK MERAH

"Allah melihat pengorbanan Yesus demi dosa kita dan menerima pengorbanan itu." Ia membangkitkan Yesus dari makam setelah hari ketiga untuk menunjukkan kepada dunia Yesus satu-satunya jalan untuk kembali pada Allah.

MANIK-MANIK PUTIH

"Mereka yang percaya Yesus adalah Anak Allah dan telah menebus dosa mereka…"

MANIK-MANIK HITAM

"Dan mereka yang bertobat dari dosanya dan meminta pertolongan dari Yesus…"

MANIK-MANIK HIJAU

"…Allah mengampuni mereka dan menyambut mereka kembali dalam keluarga-Nya, sama seperti ketika mereka berada di firdaus pertama."

MANIK-MANIK BIRU

"Allah menaruh Roh-Nya dalam diri mereka dan menciptakan manusia baru, sama seperti Ia menciptakan seluruh dunia pada awal mula."

MANIK-MANIK EMAS

"Akhirnya, semua mereka yang percaya kepada Yesus suatu hari kelak akan menikmati keabadian bersama Allah. Mereka akan hidup bersama umat beriman lainnya dalam kota yang terbuat dari emas murni.

Saya suka gelang ini karena mengingatkan di mana saya pernah berada dan ke mana saya akan pergi. Gelang injil juga mengingatkan saya bahwa betapa Allah telah mengampuni dosa saya dan mengubah hidup saya.

"Siapkah Anda untuk kembali ke keluarga Allah? Marilah kita berdoa bersama dan menyatakan kepada Allah bahwa Anda percaya Dialah yang menciptakan dunia yang sempurna dan mengutus Anak-Nya untuk mati demi dosa-dosamu. Bertobatlah dari dosamu, mintalah pengampunan, dan Allah akan menerima Anda dalam keluarga-Nya lagi."

- Sejenak pastikan bahwa semua pemimpin di pelatihan adalah orang beriman. Setelah menjelaskan gelang injil, tanyakan apakah setiap orang sudah siap untuk kembali ke keluarga Allah.

Mengapa Kita Butuh Bantuan Yesus?

1. Tak seorang pun cukup cerdas untuk kembali pada Allah.

   –YESAYA 55:9–
   SEPERTI TINGGINYA LANGIT DARI BUMI, DEMIKIANLAH TINGGINYA JALAN-KU DARI JALANMU DAN RANCANGAN-KU DARI RANCANGANMU.

"Banyak orang mengira ada banyak jalan menuju Allah. Mereka merangkai berbagai teori panjang-lebar untuk menjelaskan bahwa Yesus tidak mungkin bisa menjadi satu-satunya jalan pulang menuju Allah. Bagaimanapun, rancangan Allah, menjadikan picik rancangan manusia. Kalau Allah berfirman Yesus satu-satunya jalan, kebenaran, dan hidup, kepada siapa Anda akan percaya?"

   ✋ **Tiada yang cukup cerdas**
   Unjuk kedua jari telunjuk ke pelipis dan gelengkan kepala "Tidak."

2. Tak seorang pun cukup memberi untuk kembali pada Allah.

   –YESAYA 64:6–
   sDEMIKIANLAH KAMI SEKALIAN SEPERTI SEORANG NAJIS DAN SEGALA KESALEHAN KAMI SEPERTI KAIN KOTOR; KAMI SEKALIAN MENJADI LAYU SEPERTI DAUN DAN KAMI LENYAP OLEH KEJAHATAN KAMI SEPERTI DAUN DILENYAPKAN OLEH ANGIN. (LAI-TB)

"Ada orang yang percaya bahwa mereka bisa memperoleh kehidupan kekal dengan memberi uang kepada kaum miskin. Pikirnya, Allah akan melihat perbuatan baik mereka dan *membolehkan mereka masuk surga. Sebaik apapun perbuatan kita, tetap seperti kain kotor bila dibandingkan dengan karya Allah. Ia menyerahkan Yesus, Anak tunggal-Nya bagi kita dengan wafat di salib demi dosa kita. Allah menerima perbuatan baik ini saja demi keselamatan kita."*

> Tak seorang pun cukup memberi
> Berpura-pura mengambil banyak uang dari saku baju atau dompet lalu gelengkan kepala "Tidak."

3. Tak seorang pun cukup kuat untuk kembali pada Allah.

–ROMA 7:18–
SAYA TAHU BAHWA TIDAK ADA SESUATU PUN YANG BAIK DI DALAM DIRI SAYA; YAITU DI DALAM TABIAT SAYA SEBAGAI MANUSIA. SEBAB ADA KEINGINAN PADA SAYA UNTUK BERBUAT BAIK, TETAPI SAYA TIDAK SANGGUP MENJALANKANNYA.(LAI-TB)

"Orang lain percaya bahwa jalan menuju Allah melalui penyangkalan diri. Mereka melakukan meditasi, puasa, dan menolak dunia. Mereka percaya, keselamatan diperoleh dengan mengendalikan keinginan. Orang harus bergantung pada kekuatannya sendiri. Tetapi, orang yang tenggelam tidak bisa menyelamatkan diri sendiri. Ia harus menerima bantuan. Yesus satu-satunya pribadi yang cukup kuat untuk hidup sempurna. Kita kembali pada Allah dengan mengandalkan kuasa Yesus, bukan upaya kita sendiri."

> Tak seorang pun cukup kuat
> Angkat kedua tangan dalam pose "orang kuat" dan gelengkan kepala "Tidak."

4. Tak seorang pun cukup baik untuk kembali pada Allah.

–ROMA 3:23–
KARENA SEMUA ORANG TELAH BERBUAT DOSA DAN TELAH KEHILANGAN KEMULIAAN ALLAH,

"Kelompok terakhir percaya bahwa mereka bisa kembali pada Allah karena perbuatan baik mereka lebih banyak daripada perbuatan jahat. Mereka yakin telah melakukan banyak perbuatan baik dan olehnya Allah berkenan. Mereka membenarkan diri sendiri, dengan berkata, "Saya tidak pernah berbuat jahat sejahat perbuatan mereka." Namun, Allah akan menghakimi kita dengan kehidupan sempurna Putera-Nya, Yesus. Jika dibandingkan dengan Yesus, kita semua tidak memenuhi syarat. Hanya korban Yesus yang layak bagi Allah untuk menerima kita. Hanya Yesus yang cukup baik membawa kita pulang ke keluarga Allah. Kita harus percaya akan kebaikan-Nya bukan kebaikan kita."

✋ **Tak seorang pun cukup baik**
Lebarkan tangan ke sisi, gerakkan naik-turun seolah sedang menimbang, lalu gelengkan kepala "Tidak."

Ayat Hafalan

–YOHANES 14:6–
YESUS MENJAWAB, "AKULAH JALAN, DAN KEBENARAN, DAN HIDUP. TIDAK SEORANG PUN DAPAT DATANG KEPADA BAPA, KECUALI MELALUI AKU."

- Semua berdiri dan mengucapkan ayat hafalan 10 kali bersama. 6 kali pertama, mereka boleh menggunakan Alkitab atau catatan. 4 kali terakhir, mereka menyebut di luar kepala. Tiap kali, sebutkan nomor ayat sebelum mengutip isinya, dan kembali duduk bila selesai.
- Mengikuti rutinitas ini pelatih akan tahu tim mana yang menyelesaikan pelajaran pada bagian "Praktik."

Praktik

- Bagi peserta ke dalam grup-empat orang.

    "Kini, kita akan menggunakan proses pelatihan yang juga digunakan Yesus untuk mempraktikkan apa yang kita pelajari dalam pelajaran kepemimpinan ini."

- Jelaskan kepada para pemimpin proses pelatihan tahap demi tahap, dengan memberi mereka 7-8 menit untuk membahas tiap bagian berikut ini.

KEMAJUAN

"Berikan kesaksian singkat kepada grup Anda tentang seseorang yang baru saja menjadi pengikut Kristus."

MASALAH

"Kemukakan kepada grup Anda apa sebabnya berbagi kabar gembira sulit bagi Anda."

RENCANA

"Sebutkan nama lima orang yang dengannya Anda akan berbagi kabar gembira dalam 30 hari ke depan."

- Setiap orang harus mencatat rencana partnernya sehingga nanti mereka bisa mendoakannya.

PRAKTIK

- Menggunakan "gelang injil" sebagai pedoman, tiap pemimpin akan secara bergilir berbagi injil dengan kelompok kecil mereka.
- Semua berdiri dan mengucapkan ayat hafalan ini 10 kali bersama.

DOA

"Gunakan waktu untuk mendoakan nama mereka yang tertulis sebagai kelompok orang yang perlu kembali ke keluarga Allah."

PENUTUP

Kekuatan Pelatihan Pelatih

Tulis tabel berikut ini di papan tulis atau kertas poster sebelum memulai sesi. Lakukan dahulu riset statistik, tetapi biarkan para pemimpin memberikan estimasinya. Debat ini hendaknya memacu banyak diskusi aktif mengenai tepatnya jumlah populasi dan buatlah angka-angkanya lebih "nyata" bagi peserta.

Total Populasi		Rintis Gereja Baru	
Total Orang Tak Beriman		Rerata Ukuran Gereja	
Total Orang Beriman		Total Gereja	
2% Capaian Tujuan		Tujuan Gereja	

"Saya ingin menunjukkan kepada Anda mengapa pohon pelatihan penting. Mari kita lengkapi tabel ini bersama."

[Kutipan statistik untuk kelompok orang dalam ilustrasi ini hanya contoh. Jika semua pemimpin berasal dari kelompok komunitas yang sama, gunakan statistik kelompok mereka. Jika mereka berasal dari kelompok yang berlainan, gunakan statistik dari provinsi atau negara.]

Total Populasi	2,000,000	Rintis Gereja Baru	10
Total Orang Tak Beriman	1,995,000	Rerata Ukuran Gereja	50
Total Orang Beriman	5,000	Total Gereja	100
2% Capaian Tujuan	40,000	Tujuan Gereja	800

"Total populasi kelompok orang kita sebanyak 2 juta. Kita perkirakan ada 5 ribu orang beriman, berarti 1,995 juta orang bukan pengikut Yesus. Tujuannya untuk menjangkau sedikitnya 2% populasi bagi Yesus, artinya 40 ribu orang. Masih panjang jalan yang harus kita tempuh!

Rata-rata, suatu gereja yang ada akan merintis gereja baru tiap 10 tahun. Rerata ukuran gereja di seluruh dunia adalah 50 orang, jadi kita perkirakan ada sekitar 100 jemaat dalam grup kita (5.000/50). Tujuan kita adalah menjangkau 40 ribu orang, sehingga kita perlu merintis lebih dari 700 gereja. Angka-angka ini hanya perkiraan, namun membantu menggambarkan apa yang sedang terjadi dalam grup kita.

Rerata gereja tradisional membutuhkan 10 tahun untuk merintis gereja lainnya, jadi dalam 10 tahun kita menggandakan jumlah gereja. Target kita untuk jumlah total gereja adalah 800 (40.000/50). Beberapa gereja akan memiliki lebih dari 50 jemaat, tetapi banyak gereja akan lebih kecil, jadi perkiraan ini cukup baik. Kini mari kita bandingkan dua cara berbeda untuk mencapai tujuan kita."

Rintis Gereja Tradisional	Tahun	Melatih Pemimpin	Tahun
100		5,000	
200	10	10,000	1
400	20	20,000	2
800	30	40,000	3

"Seperti bisa Anda lihat, jika kita fokus melatih pemimpin untuk merintis grup, tujuan kita bisa tercapai dalam 3 tahun. Saat ini kita punya 5 ribu jemaat. Jika tiap orang berbagi injil, menuntun satu orang kepada Kristus, melatihnya menjadi pemimpin grup, dan mengajarinya cara melakukan hal yang sama, kita akan berlipat ganda tiap tahun dan memiliki 40 ribu jemaat setelah 3 tahun.

Jika kita hanya mengandalkan perintisan gereja secara tradisional, kita mencapai tujuan kita dalam 30 tahun. Saat ini kita memiliki 100 gereja dan jika berlipat ganda dalam 10 tahun, kita akan memiliki 800 gereja dalam 30 tahun.

Ada perbedaan besar antara 3 tahun dan 30 tahun!

Masalah umum di kalangan gereja yaitu mereka tidak menggunakan proses dalam melatih orang menjadi pemimpin. Akibatnya, beberapa pemimpin hadir untuk membantu merintis gereja baru atau grup baru. Kalau kita melatih seperti Yesus, masalahnya terpecahkan secara sederhana, tetapi berdaya guna.

Program Yesus-ku

- Mintalah para pemimpin membuka bagian belakang manual peserta pada halaman "Program Yesus." Jelaskan bahwa mereka akan berbagi Program Yesus mereka dengan grup pada akhir seminar. Sesudah itu, mereka akan memohon berkat Tuhan bagi keluarga, pelayanan dan rencana mereka.

"Anda akan dapati tempat pada tanda panah untuk mengisi keadaan demografi grup target Anda. Berdoalah sejenak lalu isi blanko sebisa Anda. Anda bisa mengubahnya kelak jika mendapat informasi yang lebih baik."

Bentuk Murid

Pemimpin yang baik selalu memiliki program yang baik. Yesus memberikan murid-murid program sederhana tetapi berdaya guna bagi pelayanan mereka dalam Lukas 10: siapkan hatimu, carilah orang yang suka damai, beritakan injil, dan evaluasi hasilnya. Yesus telah memberikan kita program yang baik untuk diikuti.

Entah kita memulai pelayanan di jemaat, gereja baru, atau kelompok sel, langkah-langkah dalam program Yesus akan membantu mencegah kesalahan yang tak perlu. Pelajaran ini mengajari para pemimpin bagaimana saling membina dalam hal Program Yesus-nya masing-masing. Mereka pun akan mulai menyiapkan presentasi Program Yesus kepada grup.

Syukur Pujian

- Nyanyikan dua lagu koor atau madah bersama. Mintalah seorang pemimpin mendoakan sesi ini.

Kemajuan

- Mintalah pemimpin lain dalam pelatihan untuk berbagi kesaksian singkat (tiga menit) tentang cara Tuhan memberkati kelompoknya. Setelah pemimpin bersaksi, mintalah grup mendoakannya.
- Pilihan lain, tirulah waktu pembinaan dengan pemimpin yang menggunakan model pelatihan kepemimpinan "Kemajuan, Masalah, Rencana, Praktik, Doa.

Masalah

"Apabila kita gagal merencanakan, kita merencanakan kegagalan. Mengembangkan rencana sederhana dan strategis bisa saja sulit. Banyak pemimpin menghabiskan sebagian besar waktunya dengan bereaksi terhadap masalah alih-alih membicarakan jalur jelas menuju masa depan.

Rencana

"Yesus datang untuk mencari dan menyelamatkan yang hilang dan kalau kita mengikuti-Nya, kita akan melakukan hal yang sama. Ia memberikan para murid program yang jelas yang bisa pula kita terapkan dalam misi kita."

Tinjauan

Selamat Datang
Siapa yang Mendirikan Gereja?
Mengapa Itu Penting?
Bagaimana Yesus Mendirikan Gereja-Nya?

Kuat dalam Tuhan 🖐
Berbagi Kabar Gembira 🖐
Bentuk Murid 🖐
Rintis Grup dan Gereja 🖐
Kembangkan Pemimpin 🖐

–I Korintus 11:1–Ikutilah teladanku, sama seperti aku juga mengikuti teladan Kristus. (LAI-TB)

Latih Seperti Yesus

Bagaimana Yesus Melatih Para Pemimpin?
Kemajuan 🖐
Masalah 🖐
Rencana 🖐
Praktik 🖐
Doa 🖐

–Lukas 6:40–Seorang murid tidak lebih daripada gurunya, tetapi siapa saja yang telah tamat pelajarannya akan sama dengan gurunya.(LAI-TB)

Pimpin Seperti Yesus

Menurut Yesus, Siapa Pemimpin Terbesar? 🖐
Apa Tujuh Kualitas dari seorang Pemimpin hebat?
1. Pemimpin hebat Mengasih Sesama 🖐
2. Pemimpin hebat Tahu Misi Mereka 🖐
3. Pemimpin hebat melayani pengikutnya 🖐
4. Pemimpin hebat menegur dengan lembut 🖐
5. Pemimpin hebat tahu masalah terkini di kelompok 🖐
6. Pemimpin hebat memberi teladan baik untuk diikuti 🖐
7. Pemimpin hebat tahu dirinya diberkati 🖐

–Yohanes 13:14-15–Kalau Aku sebagai Tuhan dan Gurumu membasuh kakimu, kalian wajib juga saling membasuh kaki. Aku memberi teladan ini

kepada kalian, supaya kalian juga melakukan apa yang sudah Kulakukan kepadamu.

Kuat Bertumbuh

Allah Memberi Anda Kepribadian Yang Mana?
- Prajurit
- Pencari
- Gembala
- Penabur
- Putera/Puteri
- Orang Kudus
- Pelayan
- Bendahara

Tipe Kepribadian Mana yang Paling Disukai Allah?
Tipe Kepribadian Mana yang menciptakan Pemimpin Terbaik?

–Roma 12:4-5–Tubuh kita mempunyai banyak anggota. Setiap anggota ada tugasnya sendiri-sendiri. Begitu juga dengan kita. Meskipun kita semuanya banyak, namun kita merupakan satu tubuh karena kita bersatu pada Kristus. Dan kita masing-masing berhubungan satu dengan yang lain sebagai anggota-anggota dari satu tubuh.

Lebih Kuat Bersama

Mengapa Ada Delapan Jenis Manusia Di Dunia?
Yesus itu Seperti Apa?
- Prajurit
- Pencari
- Gembala
- Penabur
- Putera/Puteri
- Penebus/Orang Kudus
- Pelayan
- Bendahara

Apa Tiga Pilihan Yang Kita Miliki Bila Terjadi Konflik?

Menjauh

Saling Melawan

Temukan jalan melalui Roh Allah untuk bekerja sama

> –Galatia 2:20–Saya sudah disalibkan bersama dengan Kristus: dan yang hidup bukan lagi saya, melainkan Kristus yang hidup di dalam saya. (FAYH)

Berbagi Kabar Gembira

Bagaimana Saya Bisa Berbagi Injil Sederhana?

- Manik-manik emas
- Manik-manik biru
- Manik-manik hijau
- Manik-manik hitam
- Manik-manik putih
- Manik-manik merah

Mengapa Kita Butuh Bantuan Yesus?

- Tak seorang pun cukup cerdas untuk kembali pada Allah.
- Tak seorang pun cukup memberi untuk kembali pada Allah.
- Tak seorang pun cukup kuat untuk kembali pada Allah.
- Tak seorang pun cukup baik untuk kembali pada Allah.

> –Yohanes 14:6–Yesus menjawab, " "Akulah Jalan, dan Kebenaran, dan Hidup. Tidak seorang pun dapat datang kepada Bapa, kecuali melalui Aku."

Apa Langkah Pertama dalam Program Yesus?

—LUKAS 10:1-4—

¹SETELAH ITU TUHAN MEMILIH TUJUH PULUH PENGIKUT LAGI, LALU MENGUTUS MEREKA BERDUA-DUA MENDAHULUI DIA KE SETIAP KOTA DAN TEMPAT YANG HENDAK DIKUNJUNGI-NYA.

²"HASIL YANG AKAN DITUAI BANYAK," KATA-NYA KEPADA MEREKA, "TETAPI PEKERJA UNTUK MENUAINYA HANYA SEDIKIT. SEBAB ITU, MINTALAH KEPADA PEMILIK LADANG SUPAYA IA MENGIRIMKAN PEKERJA UNTUK MENUAI HASIL TANAMAN-NYA.

³NAH, BERANGKATLAH! AKU MENGUTUS KALIAN SEPERTI DOMBA KE TENGAH-TENGAH SERIGALA.

⁴JANGAN MEMBAWA DOMPET ATAU KANTONG SEDEKAH, ATAUPUN SEPATU. JANGAN BERHENTI DI TENGAH JALAN UNTUK MEMBERI SALAM KEPADA SEORANGPUN JUGA.

1. Siapkan Hati-mu (1-4)

PERGI BERDUA-DUA (1)

"Pada ayat satu, Yesus katakan agar pergi berdua-dua: dalam banyak kebudayaan, itu berarti dua lelaki atau dua perempuan. Tanpa pasangan, Anda sendirian. Satu kali satu kali satu tetap sama dengan satu. Tetapi, dua kali dua kali dua sama dengan delapan. Potensi penggandaan bertambah apabila berpasangan.

Masa-masa sulit menghilangkan semangat, terlebih jika mereka bekerja sendiri. Di seluruh Alkitab, para pemimpin rohani bekerja bersama partner dan Yesus menegaskan kembali praktik ini dalam program-Nya."

- Ajarkan prinsip ini dengan melakonkan peran berikut:

᪽ Bersandarlah pada-Ku ᪽

"Apa yang mungkin terjadi jika Anda pergi ke suatu tempat untuk melayani sendirian dan mengalami kecelakaan?"

- o Kelilingi ruangan seolah Anda sedang pergi ke daerah pelayanan Anda. Katakan pada setiap orang Anda tertimpa kecelakaan dan kakimu patah. Berjalanlah secara timpang dalam ruangan sambil mencoba melayani orang lain. Lalu beritakan bahwa Anda tersambar petir. Cobalah terus melayani, tetapi kini kejangkan leher Anda.

"Bagaimana bedanya jika saya ditemani seorang partner?"

- o Ulangi skenario yang sama tetapi kali ini dengan partner. Ia membalut dan merawat Anda setelah kecelakaan. Ia mengingatkan agar Anda menghindari hujan jika memegang tongkat logam.

"Yesus bijak ketika mengatakan agar kita pergi bersama partner. Ia tahu akan timbul masalah, dan kita butuh seseorang untuk membantu kita bila itu terjadi."

✋ Gunakan kedua telunjuk dan jari tengah untuk "berjalan" bersama.

"Tulis dalam kolom pertama "Program Yesus-ku" orang yang Anda yakin akan menjadi partner Anda."

PERGILAH KE TEMPAT YESUS BERKARYA (1)

"Karena kita mengikuti Yesus, kita tidak melakukan apa pun dari diri sendiri, kecuali mencari tempat Yesus berkarya, dan bergabung dengan-Nya di sana. Mengetahui tempat tujuan yang diinginkan Yesus bagi kita tidak selalu mudah. Namun, kabar baiknya bahwa Ia mengasihi kita dan akan menunjukkan kepada kita."

- Tinjau isyarat tangan dari pelajaran "Pergilah" dari Seminar Pemuridan.

"Aku tidak mengerjakan sesuatu dari diri-Ku sendiri."

- ✋ Taruh satu tangan di dada dan geleng kepala, "Tidak".

"Aku mencari tahu tempat Allah sedang berkarya."

- ✋ Taruh satu tangan di atas mata; tengok kiri-kanan.

"Di mana Ia sedang berkarya, di situ saya bergabung."

- ✋ Unjuk tangan ke suatu tempat di depanmu dan anggukkan kepala "ya".

"Dan saya tahu Ia mengasihi saya dan akan memperlihatkannya kepada saya."

- ✋ Angkat kedua tangan ke atas untuk memuji lalu silangkan di depan dada.

"Tulis dalam kolom pertama "Program Yesus-ku" tempat Allah berkarya dan kemana Ia mengutus Anda."

DOAKAN PARA PEMIMPIN DARI LADANG TUAIAN (2)

"Pada ayat dua, Yesus perintahkan agar kita mendoakan pekerjaan kita sebelum kita pergi. Yesus tekun berdoa sebelum melaksanakan rencana-Nya. Kita harus pula banyak berdoa sebelum memulai program kita."

Ketika kita berdoa, kita memuji Allah atas orang-orang dalam tim kita, atas cara-Nya berkarya dan bagi mereka yang akan kita datangi."

> ✋ **Syukur Pujian**
> Tangan terangkat, menyembah.

"Kita bertobat dari dosa dalam hidup kita. Kita memohon ampun atas dosa mereka yang mengikuti kita. Kita pun memohon ampun atas dosa kelompok yang kita datangi (takhyul, berhala, atau memakai jimat, misalnya)."

> ✋ **Tobat**
> Kedua telapak ke arah luar menutup muka; kepala berpaling.

"Kemudian kita mohon Allah memberi pemimpin lokal di tempat yang akan kita datangi. Kita mohon Allah menjadikan kita pemimpin yang mengikuti Yesus, sehingga ketika orang lain mengikuti kita, mereka mengikuti Yesus."

> ✋ **Mohon**
> Tangkupkan tangan untuk terima.

"Akhirnya, kita panen apa yang dikehendaki Allah untuk dipanen"

Panen
Tangan terlipat dalam posisi doa dan tempatkan di atas dahi melambangkan rasa hormat.

"Tulis dalam kolom pertama "Program Yesus-ku" nama para pemimpin potensial yang akan Anda doakan di tempat Anda akan pergi."

PERGILAH DENGAN RENDAH HATI (3)

"Pada ayat tiga, Yesus katakan Ia mengutus kita seperti domba ke tengah serigala, jadi kita pergi dengan rendah hati. Orang akan mendengarkan pesan yang keluar dari kerendahan hati. Tidak akan mereka dengar jika mereka yakin kita tinggi hati dan angkuh."

- Ajarkan prinsip ini dengan melakonkan peran berikut:

ೋ Si Pemimpin hebat ೋ

"Menurut Anda apa pendapat penduduk suatu desa jika saya datang ke sana seperti ini…?"

- Jalan keliling dengan dada membusung sambil berkata, "Sayalah si Pemimpin hebat, Anda harus dengarkan saya!" Biarkan setiap orang tahu bahwa menurut Anda, Anda-lah yang terbesar dan terbaik.

"Yesus sungguh bijak ketika Ia katakan agar kita pergi dengan rendah hati. Orang lebih menerima jika utusan rendah hati dan rela membantu orang lain. Tak seorang pun menyukai orang bergaya bos."

✋ Pergilah dengan rendah hati
   Bentuk posisi "tangan berdoa" dan tunduk.

"Tulis dalam kolom pertama "Program Yesus-ku" jawaban atas pertanyaan berikut: apa artinya 'pergilah dengan rendah hati' bagi Anda?"

BERGANTUNG PADA ALLAH, BUKAN UANG (4)

"Dalam program-Nya, Yesus memberi kita prinsip yang jelas untuk diikuti ketika kita memulai pelayanan atau misi kita. Sepanjang sejarah Kristen, para pemimpin melakukan banyak kesalahan dalam pelayanan karena mengabaikan salah satu prinsip ini. Yesus katakan bahwa pelayanan atau misi kita harus bergantung pada Allah dan bukan pada uang. Kita bisa melayani Allah atau uang, tetapi tidak keduanya. Kita harus pastikan bahwa segala yang kita lakukan bergantung pada Allah dan bukan uang."

- Ajarkan prinsip ini dengan melakonkan peran berikut:

≼ Uang Ibarat Madu ≽

"Menurut Anda apa pendapat penduduk desa jika saya datang ke sana seperti ini...?"

- Bawa sebuah tas dan pura-pura berada di suatu desa. Dekati salah satu pemimpin dan katakan, "Kami sedang merintis gereja baru di desa ini. Kami punya banyak uang. Datang dan lihatlah apa yang bisa kami lakukan untuk kalian!" Ulangi ucapan yang sama ini kepada beberapa pemimpin dalam grup.

"Yesus bijak ketika berpesan agar jangan mengandalkan uang. Dalam pelayanan, orang hendaknya datang pada Yesus karena Ia Anak Allah dan Penebus dunia, bukan karena janji uang dan bantuan. Uang ibarat madu dan mengundang masalah jika kita mengandalkannya alih-alih Allah."

> 🖐 **Bergantung pada Allah, Bukan Uang**
> Pura-pura ambil uang dari saku baju, gelengkan kepala "tidak," lalu unjuk ke langit sambil angguk "ya".

"Tulis di kolom pertama "Program Yesus-ku" berapa jumlah biaya tahun pertama pelayanan atau misi baru Anda."

PERGI LANGSUNG KE TEMPAT IA MEMANGGIL (4)

"Yesus perintahkan kita dalam ayat empat agar tidak menyalami setiap orang di jalan. Ia tidak memerintahkan kita untuk bersikap kasar, melainkan supaya tetap fokus pada misi yang ditugaskan-Nya kepada kita. Kebanyakan kita mudah menyimpang dengan melakukan tugas yang baik, alih-alih mengerjakan tugas terbaik."

- Ajarkan prinsip ini dengan melakonkan peran berikut:

✌ Gangguan Baik ✌

"Menurut Anda apa pendapat penduduk suatu desa jika saya datang ke sana seperti ini...?"

- Katakan kepada setiap orang bahwa asisten akan memperlihatkan prinsip ini. Tunjuk ke sebuah grup di sudut lain ruangan dan katakan:

   "Sekelompok orang telah meminta teman saya agar datang untuk membantu mereka. Lihatlah apa yang terjadi."

- Asisten menjelaskan kepada para pemimpin apa yang sedang ia lakukan sambil memperagakan. Si asisten mulai menuju kelompok orang yang membutuhkan bantuan, tetapi teringat bahwa ia harus mengucapkan selamat tinggal kepada temannya. Ia duduk dan berbicara bersama temannya sejenak. Beberapa menit kemudian, ia "teringat" kalau ia harus melanjutkan suatu misi. Ia bangun dan mulai lagi, tetapi ia teringat akan utang pada saudarinya, maka ia pergi ke rumahnya. Saudarinya menjamu makan malam dan memintanya menginap malam itu. Kali ketiga, ia mencari alasan yang pantas secara kultural. Akhirnya, ia berangkat ke daerah pelayanan, tetapi tidak seorang pun di desa itu mau mendengarnya lagi.

"Yesus sungguh bijak ketika berpesan agar kita pergi langsung ke tempat pelayanan yang telah ditugaskan-Nya bagi kita. Ia tahu dunia ini amat mudah mengganggu dan membuat kita kehilangan apa yang sedang dikerjakan Allah di tempat pelayanan."

✋ Tempelkan telapak dan jari kedua tangan lalu buat gerakan "langsung ke tujuan".

"Tulis dalam kolom pertama "Program Yesus-ku" senarai kemungkinan gangguan yang bisa Anda alami."

Ayat Hafalan

–LUKAS 10:2–
HASIL YANG AKAN DITUAI BANYAK," KATA-NYA KEPADA MEREKA, "TETAPI PEKERJA UNTUK MENUAINYA HANYA SEDIKIT. SEBAB ITU, MINTALAH KEPADA PEMILIK LADANG SUPAYA IA MENGIRIMKAN PEKERJA UNTUK MENUAI HASIL TANAMAN-NYA."

- Semua berdiri dan mengucapkan ayat hafalan 10 kali bersama. 6 kali pertama, mereka boleh menggunakan Alkitab atau catatan. 4 kali terakhir, mereka menyebut di luar kepala. Tiap kali, sebutkan nomor ayat sebelum mengutip isinya, dan kembali duduk bila selesai.
- Mengikuti rutinitas ini pelatih akan tahu tim mana yang menyelesaikan pelajaran pada bagian "Praktik."

PRAKTIK

- Bagi peserta ke dalam grup-empat orang. Mintalah mereka memakai proses pelatihan dan pelajaran kepemimpinan ini, dan menjawab pertanyaan di bawah.
- Jelaskan kepada para pemimpin proses pelatihan tahap demi tahap, dengan memberi mereka 7-8 menit untuk membahas tiap bagian berikut ini.

KEMAJUAN

"Bagian mana dari langkah ini yang akan paling mudah dipatuhi grup Anda?"

MASALAH

"Bagian mana dari langkah ini yang akan paling sulit dipatuhi grup Anda?"

RENCANA

"Salah satu tugas apa yang akan mulai Anda kerjakan di kelompok dalam 30 hari ke depan untuk mematuhi langkah-langkah Program Yesus ini?"

- Setiap orang harus mencatat rencana partnernya sehingga nanti mereka bisa mendoakannya.

PRAKTIK

"Salah satu tugas apa yang akan Anda tingkatkan di kelompok dalam 30 hari ke depan untuk mematuhi langkah-langkah Program Yesus ini?"

- Setiap orang harus mencatat item praktik partnernya sehingga nanti mereka bisa mendoakannya.
- Para pemimpin berdiri dan mengulangi ayat hafalan sepuluh kali bersama setelah semuanya berbagi kecakapan yang akan mereka praktikkan.

DOA

- Gunakan waktu dengan saling mendoakan rencana masing-masing.

Penutup

Program Yesus-ku

- Mintalah para pemimpin membuka bagian belakang manual peserta pada halaman "Program Yesus."

"Menggunakan catatan Anda dari sesi ini, lengkapi kolom pertama Program Yesus Anda - bagaimana Anda akan mengerjakan tugas Anda. Tulis secara terperinci bagaimana Anda akan mengikuti prinsip-prinsip pelayanan Yesus dalam Lukas 10."

Program Yesus-Ku

Siapa yang akan pergi	Kemana kita akan pergi	Apa yang akan kita kerjakan	Bagaimana kita akan pergi

KINI
Populasi –
Umat Beriman –
Gereja –

VISI
Populasi –
Umat Beriman –
Gereja –

8

Rintis Grup

Para pemimpin telah menyiapkan hati dalam Langkah 1 Program Yesus. Pelajaran "Rintis Grup" meliputi langkah 2, 3, dan 4. Kita bisa menghindari banyak kesalahan dalam pelayanan dan misi cukup dengan mengikuti prinsip-prinsip Program Yesus dalam Lukas 10. Para pemimpin menerapkan prinsip ini pada akhir sesi saat melengkapi Program Yesus-nya masing-masing.

Langkah 2 tentang pengembangan relasi. Kita bersatu dengan Allah di tempat-Nya berkarya dan mencari orang berpengaruh yang tanggap terhadap pesan ini. Kita makan dan minum hidangan mereka untuk menunjukkan penerimaan kita. Kita tidak berpindah dari satu persahabatan ke lain persahabatan karena mengurangi nilai pesan rekonsiliasi yang kita wartakan.

Kita berbagi injil pada Langkah 3. Yesus adalah gembala dan ingin melindungi dan melayani manusia. Pada langkah ini, pelatih menyemangati pemimpin agar mencari cara untuk membawa kesembuhan ketika mereka melayani. Orang tidak peduli apa yang Anda ketahui sampai mereka tahu Anda peduli. Menyembuhkan orang sakit membukakan pintu bagi pemberitaan Injil.

Kita mengevaluasi hasil dan melakukan penyesuaian pada Langkah 4. Sejauh mana mereka menerima? Adakah ketertarikan murni akan hal-hal rohani atau alasan lain seperti uang yang mendorong keingintahuan mereka. Jika orang tanggap, kita tinggal dan teruskan misi. Jika tidak tanggap, Yesus perintahkan agar kita tinggalkan dan mulai di tempat lain lagi.

Syukur Pujian

- Nyanyikan dua lagu koor atau madah bersama. Mintalah seorang pemimpin mendoakan sesi ini.

Kemajuan

- Mintalah pemimpin lain dalam pelatihan untuk berbagi kesaksian singkat (tiga menit) tentang cara Tuhan memberkati kelompoknya. Setelah pemimpin bersaksi, mintalah grup mendoakannya.
- Pilihan lain, tirulah waktu pembinaan dengan pemimpin yang menggunakan model pelatihan kepemimpinan "Kemajuan, Masalah, Rencana, Praktik, Doa.

Masalah

"Banyak kali umat beriman berbaik hati dan ingin sekali menjangkau komunitasnya. Namun, mereka tidak memiliki program praktis untuk diikuti, yang cocok dengan tujuan mereka. Banyak yang merintis grup secara coba-coba, tetapi metoda ini membuang waktu dan tenaga. Yesus telah memberikan murid-murid-Nya perintah jelas tentang cara merintis grup. Bila mengikuti program-Nya, kita bersatu dengan-Nya di tempat-Nya berkarya dan mencegah kesalahan yang tak perlu."

Rencana

"Pelajaran ini bertujuan untuk menunjukkan bagaimana baiknya merintis grup murid dengan mengikuti petunjuk Yesus. Kita mulai dengan mencari orang yang suka damai dan memenuhi kebutuhan jasmani dan rohaninya. Yesus juga memerintahkan kita untuk mengevaluasi kerja kita pada akhir program-Nya."

Tinjauan

Selamat Datang
   Siapa yang Mendirikan Gereja?
   Mengapa Itu Penting?
   Bagaimana Yesus Mendirikan Gereja-Nya?
      Kuat dalam Tuhan
      Berbagi Kabar Gembira
      Bentuk Murid
      Rintis Grup dan Gereja
      Kembangkan Pemimpin

   –I Korintus 11:1–Ikutilah teladanku, sama seperti aku juga mengikuti teladan Kristus. (LAI-TB)

Latih Seperti Yesus
   Bagaimana Yesus Melatih Para Pemimpin?
      Kemajuan
      Masalah
      Rencana
      Praktik
      Doa

–Lukas 6:40–Seorang murid tidak lebih daripada gurunya, tetapi siapa saja yang telah tamat pelajarannya akan sama dengan gurunya.(LAI-TB)

Pimpin Seperti Yesus

Menurut Yesus, Siapa Pemimpin Terbesar? ✋
Apa Tujuh Kualitas dari seorang Pemimpin hebat?
1. Pemimpin hebat Mengasih Sesama ✋
2. Pemimpin hebat Tahu Misi Mereka ✋
3. Pemimpin hebat melayani pengikutnya ✋
4. Pemimpin hebat menegur dengan lembut ✋
5. Pemimpin hebat tahu masalah terkini di kelompok ✋
6. Pemimpin hebat memberi teladan baik untuk diikuti ✋
7. Pemimpin hebat tahu mereka diberkati ✋

–Yohanes 13:14-15–Kalau Aku sebagai Tuhan dan Gurumu membasuh kakimu, kalian wajib juga saling membasuh kaki. Aku memberi teladan ini kepada kalian, supaya kalian juga melakukan apa yang sudah Kulakukan kepadamu.

Kuat Bertumbuh

Allah Memberi Anda Kepribadian Yang Mana?
Prajurit ✋
Pencari ✋
Gembala ✋
Penabur ✋
Putera/Puteri ✋
Orang Kudus ✋
Pelayan ✋
Bendahara ✋

Tipe Kepribadian Mana yang Paling Disukai Allah?
Tipe Kepribadian Mana yang menciptakan Pemimpin Terbaik?

–Roma 12:4-5–Sebab sama seperti pada satu tubuh, kita mempunyai banyak anggota, tetapi tidak semua anggota itu mempunyai tugas yang sama, demikian juga kita, walaupun banyak, adalah satu tubuh di dalam Kristus; tetapi kita masing-masing adalah anggota yang seorang terhadap yang lain.

Lebih Kuat Bersama
    Mengapa Ada Delapan Jenis Manusia Di Dunia?
    Yesus itu Seperti Apa?
        Prajurit
        Pencari
        Gembala
        Penabur
        Putera/Puteri
        Penebus/Orang Kudus
        Pelayan
        Bendahara
    Apa Tiga Pilihan Yang Kita Miliki Bila Terjadi Konflik?
        Menjauh
        Saling Melawan
        Temukan jalan melalui Roh Allah untuk bekerja sama

–Galatia 2:20–Saya sudah disalibkan bersama dengan Kristus: dan yang hidup bukan lagi saya, melainkan Kristus yang hidup di dalam saya. (FAYH)

Berbagi Kabar Gembira
    Bagaimana Saya Bisa Berbagi Injil Sederhana?
        Manik-manik emas
        Manik-manik biru

Manik-manik hijau
Manik-manik hitam
Manik-manik putih
Manik-manik merah

Mengapa Kita Butuh Bantuan Yesus?
- Tak seorang pun cukup cerdas untuk kembali pada Allah. ✋
- Tak seorang pun cukup memberi untuk kembali pada Allah. ✋
- Tak seorang pun cukup kuat untuk kembali pada Allah. ✋
- Tak seorang pun cukup baik untuk kembali pada Allah. ✋

–Yohanes 14:6–Yesus menjawab, " "Akulah Jalan, dan Kebenaran, dan Hidup. Tidak seorang pun dapat datang kepada Bapa, kecuali melalui Aku."

Bentuk Murid

Apa Langkah Pertama dalam Program Yesus?
- Siapkan Hatimu ✋
  - Pergilah Berdua-dua ✋
  - Pergilah ke Tempat Yesus Berkarya ✋
  - Doakan Para Pemimpin dari Ladang Tuaian ✋
  - Pergilah dengan Rendah Hati ✋
  - Bergantung pada Allah, bukan Uang ✋
  - Pergilah langsung ke tempat Ia memanggil ✋

–Lukas 10:2–Hasil yang akan dituai banyak," kata-Nya kepada mereka, "tetapi pekerja untuk menuainya hanya sedikit. Sebab itu, mintalah kepada Pemilik ladang supaya Ia mengirimkan pekerja untuk menuai hasil tanaman-Nya."

Apa Langkah Kedua dalam Program Yesus?

–LUKAS 10:5-8–

⁵KALAU KALIAN MASUK SEBUAH RUMAH, KATAKANLAH LEBIH DAHULU, 'SEMOGA SEJAHTERALAH DALAM RUMAH INI.'

⁶KALAU DI SITU ADA ORANG YANG SUKA DAMAI, SALAM DAMAIMU ITU AKAN TETAP PADANYA; KALAU TIDAK, TARIKLAH KEMBALI SALAM DAMAIMU ITU.

⁷TINGGALLAH DI SATU RUMAH SAJA. TERIMALAH APA YANG DIHIDANGKAN DI SITU KEPADAMU, SEBAB ORANG YANG BEKERJA BERHAK MENERIMA UPAHNYA. JANGAN BERPINDAH-PINDAH DARI SATU RUMAH KE RUMAH YANG LAIN.

⁸APABILA KALIAN DATANG KE SEBUAH KOTA DAN DI SANA KALIAN DISAMBUT DENGAN BAIK, MAKANLAH APA YANG DIHIDANGKAN DI SITU KEPADAMU.

2. KEMBANGKAN PERSAHABATAN (5-8)

CARILAH ORANG YANG SUKA DAMAI (5, 6)

"Pada ayat lima dan enam, Yesus perintahkan kita untuk mencari orang yang suka damai. Orang yang suka damai adalah orang yang sedang mencari Allah di tempat yang Anda datangi. Ketika membicarakan hal-hal rohani dengan mereka, mereka menunjukkan minat dan ingin belajar lebih. Allah senantiasa bekerja dan menarik orang-orang ini kepada-Nya. Memberikan kesaksian kita sering merupakan cara yang baik untuk menemukan orang yang suka damai.

- Tulis dalam kolom kedua dari program Yesus Anda 'Orang yang Suka Damai' yang Anda kenal di daerah target Anda.

  ✋ Orang yang Suka Damai
  Tepuk tangan bersama seolah teman-teman sedang berjabat tangan.

MAKAN DAN MINUM APA YANG DIHIDANGKAN KEPADAMU (7, 8)

"Menurut Anda, mengapa Yesus katakan 'makan dan minumlah apa yang dihidangkan kepadamu' pada ayat tujuh? Ia ingin kita peka budaya ketika membangun persahabatan. Cara terbaik melakukannya adalah makan dan minum apa yang diberikan tuan rumah kepadamu dalam persahabatan.

Kadang, Anda mungkin harus memohon rahmat Allah apabila jenis makanan yang tidak lazim membuat perut Anda sakit! Bagaimanapun, jika Anda minta, Anda akan peroleh. Ingat, orang merasa dikasihi dan diterima apabila kita makan makanan mereka dan minum minuman mereka.

- Tulis dalam kolom kedua program Yesus Anda kebiasaan atau makanan kesukaan grup target yang terhadapnya Anda perlu peka.

  ✋ Makan dan Minum
  Berpura-pura mau makan dan minum. Lalu elus perut seakan-akan makanannya bagus.

JANGAN BERPINDAH-PINDAH RUMAH (7)

"Pada ayat tujuh, Yesus katakan agar tetap tinggal di rumah orang yang kita kunjungi. Persahabatan memerlukan waktu untuk berkembang dan setiap relasi berhubungan dengan konflik dan persoalan dari waktu ke waktu. Jika kita pindah pada tanda pertama adanya persoalan, berarti mengurangi nilai pesan rekonsiliasi yang kita wartakan."

> ✋ Jangan berpindah-pindah rumah
> Buat bentuk atap rumah dengan kedua tangan. Pindahkan rumah itu ke beberapa tempat lalu gelengkan kepala "Tidak."

- Ajarkan prinsip-prinsip dalam langkah kedua program Yesus dengan memainkan lakon berikut:

~ Bagaimana Membuat Marah Orang Sekampung ~

"Menurut Anda apa pendapat penduduk desa jika saya datang ke sana seperti ini...?"

- Katakan pada semuanya, sejauh ini Anda dan partner telah mengikuti program Yesus. Kalian akan pergi ke tempat pelayanan berdua-dua. Kalian telah berdoa, akan pergi dengan rendah hati, dan tidak akan bergantung pada uang. Allah sedang berkarya di desa itu dan Anda berdua langsung ke sana. Katakan agar mereka perhatikan apa yang kini terjadi dan melihat bagaimana tanggapan warga desa itu.
- Mintalah para pemimpin membayangkan grup pelatihan sebagai suatu desa. Grup orang sebagai perumahan di desa itu.

- Pergilah ke rumah pertama, beri salam, duduk bersama, lalu habiskan waktu bersama mereka. Mintalah apakah tersedia makanan karena Anda lapar sekali. Setelah tuan rumah menyajikan makanan, makanlah lalu buat muka masam. Lalu, katakan pada partner bahwa Anda tidak bisa tinggal di sana lebih lama karena makanannya begitu jelek, dan rasanya Anda akan tewas. Ucapkan selamat tinggal sambil mengelus perut seolah sakit perut Anda.
- Pergilah ke rumah kedua, beri salam, duduk bersama, dan sekali lagi setuju untuk menginap di situ. "Berpura-puralah" mau tidur. Sesaat kemudian, partner Anda katakan bahwa ia tidak bisa tinggal lebih lama di situ sebab seseorang di rumah itu mendengkur amat keras. Partner Anda tidak bisa tidur semalaman. Ucapkan selamat tinggal sambil menggosok-gosok mata Anda.
- Pergilah ke rumah ketiga, beri salam, duduk bersama, lalu tinggal sejenak. Hari berikutnya, katakan pada partner bahwa Anda tidak bisa tinggal lebih lama di situ karena mereka terlalu banyak menggosip dan itu menyakitkan telinga Anda. Ucapkan selamat tinggal dan pergi, sambil menggosok-gosok telinga Anda.
- Pergilah ke rumah terakhir, beri salam, duduk bersama, lalu tinggal sejenak. Katakan pada semuanya kalau Anda sudah dengar bahwa di rumah ini ada anak-anak gadis yang cantik. Anda sedang berusaha membantu teman mencari istri. Katakan pada tuan rumah itu segala kualitas mengagumkan dari partner Anda. Jelaskan bahwa Anda yakin Allah ingin supaya partner Anda menikahi salah satu anak gadis mereka.

"Jika kita coba mewartakan injil di desa ini, apa yang akan dipikirkan warganya? Mereka akan menganggap kita tidak punya kehormatan. Yang kita pikirkan hanyalah apa yang bisa

mereka berikan kepada kita. Mengikuti program Yesus membantu kita menghindari banyak kesalahan."

- Tulis dalam kolom kedua program Yesus Anda, bagaimana Anda akan berkontribusi bagi rumah tempat Anda menginap. Dalam cara-cara khusus apa Anda bisa menjadi berkat bagi mereka?

Apa Langkah Ketiga dalam Program Yesus?

–LUKAS 10:9–
SEMBUHKANLAH ORANG-ORANG SAKIT YANG ADA DI SITU DAN KATAKANLAH KEPADA MEREKA: KERAJAAN ALLAH SUDAH DEKAT PADAMU.

3. BERBAGI KABAR GEMBIRA

SEMBUHKAN ORANG SAKIT (9)

"Pelayanan Yesus meliputi pelayanan kebutuhan jasmani maupun rohani. Kita bisa membawa kesembuhan bagi suatu desa atau grup melalui banyak cara, misalnya, pengembangan masyarakat, perbaikan saluran air, kesehatan dan gigi, mendoakan orang sakit, dan bimbingan."

- Tulis dalam kolom kedua program Yesus Anda, cara praktis Anda dapat memenuhi kebutuhan fisik masyarakat melalui pelayanan atau misi Anda.

✋ Sembuhkan orang sakit
   Gerakkan tangan seolah sedang menumpangkan tangan untuk penyembuhan orang sakit

BERBAGI KABAR GEMBIRA (9)

"Bagian kedua dalam berbagi kabar gembira adalah berbagi kabar gembira."

- Tinjau ulang Kabar Gembira dengan menggunakan gelang injil.

"Kabar gembira hanya berarti kabar gembira jika orang dapat memahaminya dalam konteksnya. Aspek penting pewartaan kabar gembira adalah memastikan bahwa kabar itu masuk akal bagi mereka yang mendengarnya."

✋ **Berbagi Kabar Gembira**
Tangkupkan tangan di sekitar mulut seolah sedang memegang *megaphone*.

- Ajarkan prinsip-prinsip dalam langkah ketiga program Yesus dengan memainkan lakon berikut:

◈ Burung Bersayap-Dua ◈

"Yesus perintahkan untuk menyembuhkan orang sakit dan memberitakan injil. Ini bagaikan dua sayap pada seekor burung. Anda butuh keduanya untuk terbang!"

- Mintalah seseorang menjadi sukwan. Jelaskan bahwa si sukwan seorang penginjil berkarunia dan Anda melakukan yang terbaik untuk penyembuhan orang sakit.
- Mintalah sukwan membentangkan tangan seolah ia memiliki sayap. Jelaskan bahwa tangan kanannya kuat dalam evangelisasi, tetapi tangan kirinya lemah

(mintalah supaya tangan kirinya diturunkan lebih rendah).
- Bentangkan kedua tangan Anda seperti sayap. Jelaskan bahwa tangan kiri Anda kuat dalam penyembuhan, tetapi tangan kananmu lemah. Anda lemah dalam memberitakan injil. Mintalah sukwan agar terbang dengan sayap kuat dan lemahnya. Anda pun begitu. (Kalian berdua harus berputar berkeliling)

"Bagaimana bisa hasilnya akan berbeda jika kita putuskan untuk bekerja sama?"

- Satukan tangan 'lemah' Anda (evangelisasi) dengan tangan 'lemah' si sukwan (penyembuhan orang sakit).

"Bila kita satukan kekuatan dan bekerja bahu-membahu, kita bisa terbang."

- Anda dan sukwan sama-sama mengepakkan tangan "kuat" dan "terbang" di sekitar ruangan.

Apa Langkah Keempat dalam Program Yesus?

–LUKAS 10:10-11–
TETAPI JIKALAU KAMU MASUK KE DALAM SEBUAH KOTA DAN KAMU TIDAK DITERIMA DI SITU, PERGILAH KE JALAN-JALAN RAYA KOTA ITU DAN SERUKANLAH: JUGA DEBU KOTAMU YANG MELEKAT PADA KAKI KAMI, KAMI KEBASKAN DI DEPANMU; TETAPI KETAHUILAH INI: KERAJAAN ALLAH SUDAH DEKAT.'

4. Evaluasi Hasil dan Lakukan Penyesuaian

EVALUASI CARA MEREKA MENANGGAPI (10, 11)

"Kunci sukses jangka panjang dalam misi adalah kemampun mengevaluasi. Dalam langkah ini, Yesus katakan agar kita menganalisis cara orang menanggapi, lalu melakukan pembenahan atas program kita.

Kadang orang tidak tanggap sebab mereka tidak memahami pesan kita dan kita harus membuatnya lebih jelas. Lain waktu, orang tidak tanggap sebab mereka merasa berdosa, sehingga bagi mereka kita beritakan pengampunan dari Allah. Orang lain tetap tidak terima sebab pengalaman negatif di masa lalu dan kita merindukan mereka kembali ke keluarga Allah. Namun, tiba saatnya, ketika kita harus mengevaluasi keterbukaan mereka yang bekerja sama de-ngan kita dan karena itu, menyesuaikan program kita.

Langkah kunci dalam Program Yesus adalah memutuskan sebelum kita mulai bagaimana hasilnya akan kita evaluasi."

- Tulis dalam kolom kedua program Yesus Anda, seperti apa "sukses" dalam misi atau pelayanan ini? Bagaimana Anda akan mengevaluasi tanggapan mereka?

  ✋ **Evaluasi hasil**
  Lakukan gerakan seolah sedang mengatur skala timbangan. Gerakkan skala ke atas dan ke bawah dengan pandangan ingin tahu pada wajah Anda.

TINGGALKAN JIKA MEREKA TIDAK TANGGAP (11)

"Prinsip terakhir dalam Program Yesus sungguh sulit bagi banyak orang. Hendaknya kita tinggalkan tempat pelayanan kita jika mereka tidak tanggap. Banyak kali, kita terus yakin sesuatu akan berubah. Kita tetap berharap padahal sudah saatnya pindah."

"Bagian strategis dari karya misi adalah menentukan kapan saatnya pindah. Ada yang ingin pergi terlalu cepat, ada yang terlalu lambat. Meninggalkan persahabatan tidak pernah mudah, tetapi penting diingat bahwa Yesus memerintahkan kita untuk pindah jika mereka tidak tanggap.

Berapa banyak waktu yang harus Anda korbankan bagi orang lain sebelum Anda putuskan mereka tidak tanggap: satu hari, satu bulan, atau satu tahun? Tiap pelayanan berbeda situasinya. Faktanya bahwa banyak orang menetap terlalu lama dan kehilangan berkat Allah di tempat lain karena tidak mematuhi prinsip-prinsip Program Yesus."

- Tulis dalam kolom kedua program Yesus Anda, berapa lama Anda perlu tinggal untuk menjalankan misi yang diberikan Allah kepadamu. Jika kelompok orang ini tidak tanggap terhadap kabar gembira, di mana Anda akan memulai berikutnya?

    ✋ Tinggalkan jika tiada hasil
    Lambaikan tangan selamat tinggal.

Ayat Hafalan

> –LUKAS 10:9–
> SEMBUHKANLAH ORANG-ORANG SAKIT YANG ADA DI SITU DAN KATAKANLAH KEPADA MEREKA: KERAJAAN ALLAH SUDAH DEKAT PADAMU.

- Semua berdiri dan mengucapkan ayat hafalan 10 kali bersama. 6 kali pertama, mereka boleh menggunakan Alkitab atau catatan. 4 kali terakhir, mereka menyebut di luar kepala. Tiap kali, sebutkan nomor ayat sebelum mengutip isinya, dan kembali duduk bila selesai.
- Mengikuti rutinitas ini pelatih akan tahu tim mana yang menyelesaikan pelajaran pada bagian "Praktik."

PRAKTIK

- Bagi peserta ke dalam grup-empat orang. Mintalah mereka menggunakan proses pelatihan serta pelajaran kepemimpinan.
- Jelaskan kepada para pemimpin proses pelatihan tahap demi tahap, dengan memberi mereka 7-8 menit untuk membahas tiap bagian berikut ini.

KEMAJUAN

> "Bagian mana dari langkah ini yang akan paling mudah dipatuhi grup Anda?"

MASALAH

"Bagian mana dari langkah ini yang akan paling sulit dipatuhi grup Anda?"

RENCANA

"Salah satu tugas apa yang akan mulai Anda kerjakan di kelompok dalam 30 hari ke depan untuk mematuhi langkah-langkah Program Yesus ini?"

- Setiap orang harus mencatat rencana partnernya sehingga nanti mereka bisa mendoakannya.

PRAKTIK

"Salah satu tugas apa yang akan Anda tingkatkan di kelompok dalam 30 hari ke depan untuk mematuhi langkah-langkah Program Yesus ini?"

- Setiap orang harus mencatat item praktik partnernya sehingga nanti mereka bisa mendoakannya.
- Para pemimpin berdiri dan mengulangi ayat hafalan sepuluh kali bersama setelah semuanya berbagi kecakapan yang akan mereka praktikkan.

DOA

- Gunakan waktu dengan saling mendoakan rencana masing-masing. Berdoalah agar Allah tetap membantu kemajuan grup dan memperkuat titik-titik lemahnya.

Penutup

Program Yesus-ku

- Mintalah para pemimpin membuka bagian belakang manual peserta pada halaman "Program Yesus."

    "Memakai catatan Anda dari sesi ini, lengkapi kolom kedua dan ketiga pada Program Yesus Anda. Kedua kolom ini menandakan orang kita yang suka damai, dan bagaimana kita akan melayani mereka. Perincikan bagaimana Anda akan mengikuti prinsip pelayanan Yesus dalam Lukas 10."

9

Gandakan Grup

Gereja-gereja yang bereproduksi secara sehat merupakan hasil dari bertumbuh kuat dalam Tuhan, memberitakan Injil, membentuk murid, merintis grup, dan melatih para pemimpin. Namun, kebanyakan pemimpin tidak pernah merintis suatu gereja, dan tidak tahu caranya merintis. "Gandakan Grup" memperkenalkan tempat-tempat yang menjadi fokus kita ketika kita merintis grup yang mengarah kepada gereja-gereja. Dalam Kisah Para Rasul, Yesus memerintahkan kita untuk merintis grup di empat wilayah berbeda. Ia katakan untuk merintis grup di kota dan daerah tempat tinggal kita. Lalu, Ia katakan untuk memulai persekutuan baru di wilayah dan kelompok etnis lainnya yang bertetangga dengan tempat tinggal kita. Akhirnya, Yesus memerintahkan kita agar pergi ke berbagai penjuru dunia dan menjangkau setiap kelompok etnis. Pelatih mendorong para pemimpin untuk mengadopsi semangat Yesus demi semua orang dan membuat rencana untuk menjangkau mereka di Yerusalem, Yudea, Samaria, dan sampai ke ujung dunia. Para pemimpin menambahkan komitmen ini pada "Program Yesus" mereka.

Kisah Para Rasul juga menguraikan pekerjaan empat jenis perintis grup. Petrus, seorang gembala, membantu merintis grup di rumah Kornelius. Paulus, seorang awam, menjelajahi Kekaisaran Romawi untuk merintis grup. Priskila & Akwila, pengusaha swasta, merintis grup di tempat mereka berbisnis. Jemaat "teraniaya" dalam Kisras 8 menyebar dan merintis grup di tempat mereka menyebar. Dalam pelajaran ini, para pemimpin mengidentifikasi perintis grup yang mungkin, sesuai arus pengaruhnya dan menambahkan mereka dalam "Program Yesus" mereka. Sesi ini berakhir dengan membahas asumsi bahwa merintis gereja memerlukan banyak rekening bank. Kebanyakan jemaat bermula di rumah dengan biaya yang lebih murah dari harga sebuah Alkitab.

Syukur Pujian

- Nyanyikan dua lagu koor atau madah bersama. Mintalah seorang pemimpin mendoakan sesi ini.

Kemajuan

- Mintalah pemimpin lain dalam pelatihan untuk berbagi kesaksian singkat (tiga menit) tentang cara Tuhan memberkati kelompoknya. Setelah pemimpin bersaksi, mintalah grup mendoakannya.
- Pilihan lain, tirulah waktu pembinaan dengan pemimpin yang menggunakan model pelatihan kepemimpinan "Kemajuan, Masalah, Rencana, Praktik, Doa.

Masalah

"Memimpin kelompok atau gereja yang ada, tidaklah mudah. Pemikiran untuk merintis kelompok atau gereja lain nampaknya mustahil. Gereja-gereja berkutat dengan cara penggunaan uang, waktu, atau manusia yang terbatas. Namun, Yesus tahu

kebutuhan perbendaharaan kita, dan tetap memerintahkan kita untuk merintis gereja-gereja baru.

Soal lain yang kita hadapi ketika merintis grup atau gereja adalah kenyataan bahwa kebanyakan umat beriman tidak pernah merintis grup atau gereja. Gembala, pemimpin, usahawan, dan anggota jemaat memiliki gambaran dalam pikiran tentang apa yang dibutuhkan untuk menjadi gereja yang "nyata." Ini paling sering diterjemahkan sebagai merintis gereja yang nampak tepat sama dengan gereja induk, tetapi hampir dipastikan bahwa gereja baru ini akan gagal."

RENCANA

"Ingatkan kalian saat kita membahas bagaimana memulai dengan 5 ribu menjadi 40 ribu umat beriman? Kunci pertumbuhan tersebut adalah setiap umat beriman merintis suatu kelompok baru. Dalam pelajaran ini, kita akan belajar empat wilayah tempat kita merintis kelompok. Kemudian, kita akan mengenali empat tipe manusia yang telah merintis kelompok dalam Kisah Para Rasul.

Tinjauan

Selamat Datang
    Siapa yang Mendirikan Gereja?
    Mengapa Itu Penting?
    Bagaimana Yesus Mendirikan Gereja-Nya?
        Kuat dalam Tuhan ✋
        Berbagi Kabar Gembira ✋
        Bentuk Murid ✋
        Rintis Grup dan Gereja ✋
        Kembangkan Pemimpin ✋

–I Korintus 11:1–Ikutilah teladanku, sama seperti aku juga mengikuti teladan Kristus. (LAI-TB)

Latih Seperti Yesus

Bagaimana Yesus Melatih Para Pemimpin?

Kemajuan
Masalah
Rencana
Praktik
Doa

–Lukas 6:40–Seorang murid tidak lebih daripada gurunya, tetapi siapa saja yang telah tamat pelajarannya akan sama dengan gurunya. (LAI-TB)

Pimpin Seperti Yesus

Menurut Yesus, Siapa Pemimpin Terbesar?
Apa Tujuh Kualitas dari seorang Pemimpin hebat?
1. Pemimpin hebat Mengasih Sesama
2. Pemimpin hebat Tahu Misi Mereka
3. Pemimpin hebat melayani pengikutnya
4. Pemimpin hebat menegur dengan lembut
5. Pemimpin hebat tahu masalah terkini di kelompok
6. Pemimpin hebat memberi teladan baik untuk diikuti
7. Pemimpin hebat tahu mereka diberkati

–Yohanes 13:14-15–Kalau Aku sebagai Tuhan dan Gurumu membasuh kakimu, kalian wajib juga saling membasuh kaki. Aku memberi teladan ini kepada kalian, supaya kalian juga melakukan apa yang sudah Kulakukan kepadamu.

Kuat Bertumbuh
Allah Memberi Anda Kepribadian Yang Mana?
- Prajurit ✋
- Pencari ✋
- Gembala ✋
- Penabur ✋
- Putera/Puteri ✋
- Orang Kudus ✋
- Pelayan ✋
- Bendahara ✋

Tipe Kepribadian Mana yang Paling Disukai Allah?
Tipe Kepribadian Mana yang menciptakan Pemimpin Terbaik?

> –Roma 12:4-5–Tubuh kita mempunyai banyak anggota. Setiap anggota ada tugasnya sendiri-sendiri. Begitu juga dengan kita. Meskipun kita semuanya banyak, namun kita merupakan satu tubuh karena kita bersatu pada Kristus. Dan kita masing-masing berhubungan satu dengan yang lain sebagai anggota-anggota dari satu tubuh.

Lebih Kuat Bersama
Mengapa Ada Delapan Jenis Manusia Di Dunia?
Yesus itu Seperti Apa?
- Prajurit ✋
- Pencari ✋
- Gembala ✋
- Penabur ✋
- Putera/Puteri ✋
- Penebus/Orang Kudus ✋
- Pelayan ✋
- Bendahara ✋

Apa Tiga Pilihan Yang Kita Miliki Bila Terjadi Konflik?
Menjauh ✋
Saling Melawan ✋
Temukan jalan melalui Roh Allah untuk bekerja sama ✋

-Galatia 2:20-Saya sudah disalibkan bersama dengan Kristus: dan yang hidup bukan lagi saya, melainkan Kristus yang hidup di dalam saya. (FAYH)

Berbagi Kabar Gembira
Bagaimana Saya Bisa Berbagi Injil Sederhana?
    Manik-manik emas
    Manik-manik biru
    Manik-manik hijau
    Manik-manik hitam
    Manik-manik putih
    Manik-manik merah
Mengapa Kita Butuh Bantuan Yesus?
    Tak seorang pun cukup cerdas untuk kembali pada Allah. ✋
    Tak seorang pun cukup memberi untuk kembali pada Allah. ✋
    Tak seorang pun cukup kuat untuk kembali pada Allah. ✋
    Tak seorang pun cukup baik untuk kembali pada Allah. ✋

-Yohanes 14:6-Yesus menjawab, " "Akulah Jalan, dan Kebenaran, dan Hidup. Tidak seorang pun dapat datang kepada Bapa, kecuali melalui Aku."

Bentuk Murid
Apa Langkah Pertama dalam Program Yesus?
Siapkan Hatimu
Pergilah Berdua-dua
Pergilah ke Tempat Yesus Berkarya
Doakan Para Pemimpin dari Ladang Tuaian
Pergilah dengan Rendah Hati
Bergantung pada Allah, bukan Uang
Pergilah langsung ke tempat Ia memanggil

–Lukas 10:2–Hasil yang akan dituai banyak," kata-Nya kepada mereka, "tetapi pekerja untuk menuainya hanya sedikit. Sebab itu, mintalah kepada Pemilik ladang supaya Ia mengirimkan pekerja untuk menuai hasil tanaman-Nya."

Rintis Grup
Apa Langkah Kedua dalam Program Yesus?
Kembangkan Persahabatan
Carilah Pecinta Damai
Makan dan minumlah apa yang dihidangkan
Jangan berpindah-pindah rumah
Apa Langkah Ketiga dalam Program Yesus?
Beritakan Kabar Baik
Sembuhkan orang sakit
Wartakan injil
Apa Langkah Keempat dalam Program Yesus?
Evaluasi Hasil dan Lakukan Penyesuaian
Evaluasi cara mereka menanggapi
Tinggalkan jika mereka tidak tanggap

–Lukas 10:9–Sembuhkanlah orang-orang sakit yang ada di situ dan katakanlah kepada mereka: Kerajaan Allah sudah dekat padamu.

Di empat tempat manakah Yesus perintahkan umat beriman untuk merintis grup?

–KISRAS 1:8–
TETAPI KALIAN AKAN MENDAPAT KUASA, KALAU ROH ALLAH SUDAH DATANG KEPADAMU. DAN KALIAN AKAN MENJADI SAKSI-SAKSI UNTUK-KU DI YERUSALEM, DI SELURUH YUDEA, DI SAMARIA, DAN SAMPAI KE UJUNG BUMI."

1. **Yerusalem**

"Yesus katakan agar para murid merintis grup di kota tempat mereka tinggal dan di antara kelompok etnis yang sama. Kalau kita mengikuti teladan-Nya, kita akan merintis grup dan gereja baru di kota-kota tempat kita tinggal."

- Dalam kolom tiga Program Yesus Anda, tuliskan nama suatu tempat di kota Anda yang memerlukan kelompok atau gereja baru. Tulis uraian singkat tentang bagaimana hal ini akan terjadi.

2. **Yudea**

"Kedua, Yesus katakan agar para murid merintis grup di wilayah yang sama dengan tempat tinggal mereka. Yerusalem wilayah perkotaan, sedangkan Yudea daerah pedesaan Israel. Penduduk Yudea sama etnisnya dengan para murid. Mengikuti perintah Yesus, kita akan merintis grup dan gereja baru di daerah pedesaan tempat kita tinggal."

- Dalam kolom tiga Program Yesus Anda, tulis nama tempat di wilayah yang sama dengan tempat tinggal

Anda yang memerlukan grup atau gereja baru. Tulis uraian singkat tentang bagaimana hal itu akan terjadi.

3. **Samaria**

"Ketiga, Yesus perintahkan para murid untuk merintis grup di kota lain dengan kelompok etnis yang berbeda. Orang Yahudi memandang rendah mereka yang tinggal di Samaria. Terlepas dari praduga mereka, Yesus mengutus para murid untuk berbagi kabar baik dan merintis grup dan gereja di antara orang Samaria. Kita mengikuti perintah Yesus ketika kita merintis grup atau gereja di kota-kota sekitar kita, di antara kelompok etnis yang berbeda."

- Dalam kolom tiga Program Yesus Anda, tulis nama tempat di kota-kota lain dengan kelompok etnis yang berbeda yang memerlukan grup atau gereja baru. Tulis uraian singkat tentang bagaimana hal itu akan terjadi.

4. **Ujung bumi**

"Akhirnya, Yesus menugasi para murid untuk merintis grup di segala penjuru dunia dan di antara semua kelompok etnis yang berbeda. Mematuhi perintah ini, khususnya menuntut penguasaan bahasa dan kebudayaan baru. Kita mematuhi perintah ini bila kita mengutus misionaris gereja kita untuk merintis grup dan gereja baru di tempat asing."

- Dalam kolom tiga Program Yesus Anda, tulis nama tempat di wilayah lain dengan kelompok etnis yang berbeda yang memerlukan grup atau gereja baru. Tulis uraian singkat tentang bagaimana hal itu akan terjadi.

Apa empat cara untuk merintis grup atau gereja baru?

1. **Petrus**

   –Kisras 10:9–
   Keesokan harinya ketika ketiga orang itu berada dalam perjalanan dan sudah dekat kota Yope, kira-kira pukul dua belas tengah hari, naiklah Petrus ke atas rumah untuk berdoa.(LAI-TB)

   "Petrus menjadi gembala di Yerusalem. Kornelius memintanya datang ke Yope untuk memberitakan kabar baik tentang Yesus Kristus. Ketika Petrus berbagi bersama keluarga Kornelius, setiap orang menerima Kristus, kembali ke dalam keluarga Allah, dan grup baru pun dimulai.

   Satu cara untuk merintis grup atau gereja baru adalah supaya gembala gereja yang ada melakukan perjalanan misi jangka-pendek dan membantu merintis grup atau gereja baru. Jenis tugas perintisan gereja ini biasanya membutuhkan satu sampai tiga minggu."

   - Dalam kolom tiga Program Yesus Anda, tulis nama gembala yang Anda kenal, yang dapat membantu merintis grup atau gereja baru. Tulis uraian singkat tentang bagaimana hal itu akan terjadi.

2. **Paulus**

   –Kisras 13:2–
   Ketika mereka beribadah kepada Tuhan dan berpuasa, berkatalah Roh Kudus, "Khususkanlah

Barnabas dan Saulus bagi-Ku untuk tugas yang telah Kutentukan bagi mereka." (LAI-TB)

"Paulus dan Barnabas adalah pemimpin gereja di Antiokia. Allah berbicara kepada mereka selama beribadat dan menugasi mereka pergi ke daerah-daerah yang belum terjangkau dan memberitakan injil. Dengan taat, mereka merintis grup dan gereja di seluruh wilayah Kekaisaran Romawi.

Cara kedua untuk merintis grup dan gereja adalah mengutus para pemimpin ke kota dan wilayah lain untuk memberitakan injil. Para misionaris ini menghimpun umat beriman baru lalu merintis grup atau gereja baru. Penugasan misi ini khususnya membutuhkan satu sampai tiga bulan."

- Dalam kolom empat Program Yesus Anda, tulis nama pemimpin gereja yang Anda kenal, yang dapat membantu merintis grup atau gereja baru. Tulis uraian singkat tentang bagaimana hal itu akan terjadi.

3. **Priskila & Akwila**

   –I Korintus 16:19–
   Salam kepadamu dari jemaat-jemaat di Asia Kecil. Akwila, Priskila dan jemaat di rumah mereka menyampaikan berlimpah-limpah salam dalam Tuhan kepadamu.

"Priskila dan Akwila adalah pebisnis dalam jemaat. Mereka merintis grup atau gereja di mana pun mereka tinggal atau berbisnis. Kalau bisnis mereka pindah lokasi, mereka merintis grup atau gereja baru di lokasi baru itu.

Cara ketiga untuk merintis grup atau gereja baru adalah supaya orang-orang bisnis merintis grup yang menjadi gereja di antara para pelanggan mereka. Jika seorang usahawan Kristen pindah ke tempat yang tiada gereja di sana, mereka merintis grup di situ. Tugas perutusan ini khususnya memerlukan satu sampai tiga tahun."

- Dalam kolom empat Program Yesus Anda, tulis nama usahawan yang Anda kenal, yang dapat membantu merintis grup atau gereja baru. Tulis uraian singkat tentang bagaimana hal itu akan terjadi.

4. **Jemaat Teraniaya**

    –KISRAS 8:1–
    SAULUS JUGA SETUJU DENGAN PEMBUNUHAN ATAS STEFANUS. PADA WAKTU ITU MULAILAH PENGANIAYAAN YANG HEBAT TERHADAP JEMAAT DI YERUSALEM. MEREKA SEMUA, KECUALI RASUL-RASUL, TERSEBAR KE SELURUH DAERAH YUDEA DAN SAMARIA. (LAI-TB)

    "Kelompok terakhir perintis grup dan gereja dalam Kisah Para Rasul adalah umat teraniaya. Banyak umat beriman melarikan diri dari Yerusalem ketika Saulus mulai menganiaya Gereja secara kejam. Mereka merintis grup dan gereja di seluruh Yudea dan Samaria. Kita tahu hal ini benar, karena kemudian para rasul mengunjungi jemaat-jemaat yang sudah didirikan di wilayah-wilayah itu.

    Cara terakhir merintis grup dan gereja baru adalah melalui jemaat teraniaya yang harus pindah ke kota-kota baru. Jika belum ada grup atau gereja di sana, umat beriman-pendatang baru merintisnya. Merintis grup atau gereja tidak memerlukan ijazah seminari, cukup cinta kepada Yesus, dan kerelaan hati untuk mematuhi perintah-Nya."

- Dalam kolom empat Program Yesus Anda, tulis nama orang-orang buangan yang Anda kenal, yang dapat membantu merintis grup atau gereja baru. Tulis uraian singkat tentang bagaimana hal ini akan terjadi.

Ayat Hafalan

–KISRAS 1:8–
TETAPI KALIAN AKAN MENDAPAT KUASA, KALAU ROH ALLAH SUDAH DATANG KEPADAMU. DAN KALIAN AKAN MENJADI SAKSI-SAKSI UNTUK-KU DI YERUSALEM, DI SELURUH YUDEA, DI SAMARIA, DAN SAMPAI KE UJUNG BUMI."

- Semua berdiri dan mengucapkan ayat hafalan 10 kali bersama. 6 kali pertama, mereka boleh menggunakan Alkitab atau catatan. 4 kali terakhir, mereka menyebut di luar kepala. Tiap kali, sebutkan nomor ayat sebelum mengutip isinya, dan kembali duduk bila selesai.
- Mengikuti rutinitas ini pelatih akan tahu tim mana yang menyelesaikan pelajaran pada bagian "Praktik."

PRAKTIK

- Bagi peserta ke dalam grup-empat orang. Mintalah mereka menggunakan proses pelatihan serta pelajaran kepemimpinan.
- Jelaskan kepada para pemimpin proses pelatihan tahap demi tahap, dengan memberi mereka 7-8 menit untuk membahas tiap bagian berikut ini.

KEMAJUAN

"Ceritakan capaian kemajuan Anda dalam merintis grup atau gereja di empat tempat berbeda dengan empat macam perintis grup berbeda."

MASALAH

"Kemukakan masalah Anda dalam merintis grup atau gereja di empat tempat berbeda dengan empat macam perintis grup berbeda."

RENCANA

"Kemukakan dua tugas yang akan dilakukan grup Anda dalam 30 hari ke depan yang akan membantu mereka merintis grup atau gereja baru."

- Setiap orang mencatat rencana partnernya sehingga nanti mereka bisa mendoakannya.

PRAKTIK

"Kemukakan satu tugas yang akan Anda kerjakan dalam 30 hari ke depan guna membantu Anda memperbaiki diri sebagai pemimpin grup."

- Setiap orang harus mencatat item praktik partnernya sehingga nanti mereka bisa mendoakannya.
- Para pemimpin berdiri dan mengulangi ayat hafalan sepuluh kali bersama setelah semuanya berbagi kecakapan yang akan mereka praktikkan.

DOA

- Gunakan waktu untuk saling mendoakan rencana dan kecakapan yang akan Anda praktikkan dalam 30 hari ke depan agar berkembang sebagai pemimpin."

PENUTUP

Berapa besarnya biaya untuk merintis gereja baru?

"Apa yang Anda perlukan untuk merintis gereja baru? Mari kita buat sebuah senarai."

- Tulis sebuah senarai di papan tulis saat para peserta menjawab pertanyaan. Beri kesempatan untuk berdiskusi dan berdebat. Misalnya, jika seseorang mengatakan "gedung," tanyakan pada yang lain apakah kita perlu gedung untuk merintis gereja baru.

"Kini setelah memiliki daftar item yang diperlukan untuk merintis gereja, mari kita pasang harga untuk tiap item."

- Telusuri senarai dari atas ke bawah sambil meminta peserta memperkirakan biaya per item. Dorong para pemimpin mendiskusikan dan menyetujui harga pada tiap baris. Biasanya, grup akan putuskan bahwa tidak ada biaya untuk merintis gereja baru, atau paling-paling, sama banyaknya dengan harga satu Alkitab.

"Latihan ini bertujuan untuk mengatasi kesalahan umum yang dibuat orang ketika merencanakan perintisan jemaat. Mereka menganggap bahwa perlu banyak uang untuk merintis gereja. Namun, sebagian besar gereja, bermula di rumah dan tidak

memerlukan banyak uang. Bahkan gereja-mega besar masa kini biasanya bermula di rumah. Iman, pengharapan, dan kasih merupakan esensi utama perintisan gereja, bukan banyak rekening bank."

Program Yesus-ku

- Mintalah para pemimpin membuka bagian belakang manual peserta pada halaman "Program Yesus."

"Kita akan menyajikan Program Yesus kita kepada peserta lain dalam sesi berikut. Gunakan beberapa menit untuk menyelesaikan program Yesus Anda, dan pikirkan bagaimana Anda akan menyajikannya kepada grup. Jika selesai, berdoalah memohon berkat Allah untuk sesi berikut.

PERTANYAAN UMUM LAINNYA

Bagaimana Anda bekerja dengan mereka yang tidak terpelajar pada sesi pelatihan?

Pelatihan Mengikuti Yesus menggunakan beberapa alat bantu pengajaran yang membantu mereka yang terpelajar dan tidak terpelajar mengingat pelajarannya. Sesuai pengalaman kami, kedua grup merasa senang dan mendapat manfaat yang sama dari pelatihan. Kami lebih menekankan isyarat tangan ketika melatih mereka yang tidak terpelajar. Di beberapa kebudayaan Asia, para wanitanya berpendidikan sebatas kelas tiga. Setelah melatih grup wanita seperti itu, mereka mendekati kami dengan berlinang air mata. "Terima kasih," kata mereka, "karena isyarat tangan sudah membantu kami belajar, dan kini kami dapat mengikuti Yesus."

Bahkan dalam lingkungan tidak terpelajar, biasanya satu orang bisa membacakan untuk grup. Khususnya, kami minta orang ini dengan lantang membacakan teks alkitab bagi seluruh grup. Kadang kami minta pembaca mengucapkan teks alkitab 2 atau 3 kali untuk memastikan kelompoknya mengerti. Jika sebelumnya kami sudah tahu bahwa grup itu tidak terpelajar, kami siapkan rekaman tiap sesi menggunakan video atau audio.

Televisi dan radio sangat memengaruhi masyarakat tak terpelajar, bahkan di pelosok desa. Hindari membuat kesalahan dengan mengira Anda harus mengajar pembelajar yang tak terpelajar berkali-kali. Jika tidak mereka pahami pelajaran pada saat pertama, tambahkan waktu latihannya, lalu tinggalkan rekaman audio atau video supaya mereka tinjau kembali ketika Anda tidak hadir di sana. Di kebanyakan tempat tersedia paling kurang DVD atau VCD publik. Pemutar MP3 pun mudah diakses dan dapat dijalankan dengan baterai.

Allah akan terus memberkati banyak pembelajar setelah Anda meninggalkan rekaman video dan audio. Jika Anda membuat rekaman video atau audio, silakan kirimkan salinannya ke *lanfam@ FollowJesusTraining.com*.

10

Ikut Yesus

Dalam *Melatih Pemimpin Radikal* para pemimpin telah belajar tentang siapa pendiri gereja dan mengapa hal itu penting. Mereka menguasai lima bagian strategi Yesus untuk menjangkau dunia dan berpraktik membina satu sama lain. Mereka memahami tujuh kualitas pemimpin hebat, mengembangkan "pohon pelatihan" untuk masa depan, dan tahu bagaimana bekerja sama dengan berbagai tipe kepribadian. Tiap pemimpin memiliki program berdasarkan Program Yesus dalam Lukas 10. "Ikut Yesus" membahas satu bagian kepemimpinan yang tersisa: motivasi.

Dua ribu tahun lalu, orang mengikuti Yesus dengan berbagai alasan. Beberapa, seperti Yakobus dan Yohanes, yakin dengan mengikuti Yesus akan menjadikan mereka terkenal. Yang lain, seperti orang Farisi, mengikuti-Nya untuk mengkritik dan memperlihatkan superioritas mereka. Yang lainnya lagi, seperti Yudas, mengikuti Yesus demi uang. Rombongan lima ribu orang ingin mengikuti Yesus karena Ia menyediakan makanan yang mereka butuhkan. Sekelompok lain mengikuti Yesus karena butuh kesembuhan, dan hanya satu yang kembali untuk mengucapkan terima kasih. Menyedihkan, banyak orang secara egois mengikuti Yesus demi apa yang bisa Yesus berikan. Hari ini pun tiada bedanya. Sebagai pemimpin, kita harus memeriksa diri dan bertanya, "Mengapa saya mengikuti Yesus?"

Yesus memuji orang yang mengikuti-Nya dengan semangat kasih. Hadiah parfum mewah dari wanita terkucil mengandung janji akan dikenang di mana pun orang mewartakan kabar baik. Kekurangan seorang janda menyentuh hati Yesus lebih daripada seluruh emas kenisah. Yesus kecewa ketika seorang lelaki muda kaya raya, menolak mengasihi Allah dengan segenap hati dan sebaliknya memilih hartanya. Juga, Yesus menanyai Petrus satu pertanyaan saja untuk memulihkannya setelah penyangkalannya, "Simon, apakah engkau mengasihi Aku?" Para pemimpin rohani mengasihi sesama dan mengasihi Allah.

Sesi ini berakhir dengan tiap pemimpin berbagi "Program Yesus"nya. Mereka saling mendoakan, bertekad untuk bekerja sama, dan membina pemimpin baru demi kasih dan kemuliaan Allah.

Syukur Pujian

- Nyanyikan dua lagu koor atau madah bersama. Mintalah seorang pemimpin mendoakan sesi ini.

Kemajuan

Selamat Datang
Siapa yang Mendirikan Gereja?
Mengapa Itu Penting?
Bagaimana Yesus Mendirikan Gereja-Nya?
Kuat dalam Tuhan 🖐
Berbagi Kabar Gembira 🖐
Bentuk Murid 🖐
Rintis Grup dan Gereja 🖐
Kembangkan Pemimpin 🖐

—I Korintus 11:1—Ikutilah teladanku, sama seperti aku juga mengikuti teladan Kristus. (LAI-TB)

Latih Seperti Yesus

Bagaimana Yesus Melatih Para Pemimpin?
- Kemajuan
- Masalah
- Rencana
- Praktik
- Doa

—Lukas 6:40—Seorang murid tidak lebih daripada gurunya, tetapi siapa saja yang telah tamat pelajarannya akan sama dengan gurunya. (LAI-TB)

Pimpin Seperti Yesus

Menurut Yesus, Siapa Pemimpin Terbesar?
Apa Tujuh Kualitas dari seorang Pemimpin hebat?
1. Pemimpin hebat Mengasih Sesama
2. Pemimpin hebat Tahu Misi Mereka
3. Pemimpin hebat melayani pengikutnya
4. Pemimpin hebat menegur dengan lembut
5. Pemimpin hebat tahu masalah terkini di kelompok
6. Pemimpin hebat memberi teladan baik untuk diikuti
7. Pemimpin hebat tahu mereka diberkati

—Yohanes 13:14-15—Kalau Aku sebagai Tuhan dan Gurumu membasuh kakimu, kalian wajib juga saling membasuh kaki. Aku memberi teladan ini kepada kalian, supaya kalian juga melakukan apa yang sudah Kulakukan kepadamu.

Kuat Bertumbuh

Allah Memberi Anda Kepribadian Yang Mana?
- Prajurit
- Pencari
- Gembala
- Penabur
- Putera/Puteri
- Orang Kudus
- Pelayan
- Bendahara

Tipe Kepribadian Mana yang Paling Disukai Allah?

Tipe Kepribadian Mana yang menciptakan Pemimpin Terbaik?

–Roma 12:4-5–Tubuh kita mempunyai banyak anggota. Setiap anggota ada tugasnya sendiri-sendiri. Begitu juga dengan kita. Meskipun kita semuanya banyak, namun kita merupakan satu tubuh karena kita bersatu pada Kristus. Dan kita masing-masing berhubungan satu dengan yang lain sebagai anggota-anggota dari satu tubuh.

Lebih Kuat Bersama

Mengapa Ada Delapan Jenis Manusia Di Dunia?

Yesus itu Seperti Apa?
- Prajurit
- Pencari
- Gembala
- Penabur
- Putera/Puteri
- Penebus/Orang Kudus
- Pelayan
- Bendahara

Apa Tiga Pilihan Yang Kita Miliki Bila Terjadi Konflik?
Menjauh
Saling Melawan
Temukan jalan melalui Roh Allah untuk bekerja sama

–Galatia 2:20–Saya sudah disalibkan bersama dengan Kristus: dan yang hidup bukan lagi saya, melainkan Kristus yang hidup di dalam saya. (FAYH)

Berbagi Kabar Gembira
Bagaimana Saya Bisa Berbagi Injil Sederhana?
  Manik-manik emas
  Manik-manik biru
  Manik-manik hijau
  Manik-manik hitam
  Manik-manik putih
  Manik-manik merah
Mengapa Kita Butuh Bantuan Yesus?
  Tak seorang pun cukup cerdas untuk kembali pada Allah.
  Tak seorang pun cukup memberi untuk kembali pada Allah.
  Tak seorang pun cukup kuat untuk kembali pada Allah.
  Tak seorang pun cukup baik untuk kembali pada Allah.

–Yohanes 14:6–Yesus menjawab, " "Akulah Jalan, dan Kebenaran, dan Hidup. Tidak seorang pun dapat datang kepada Bapa, kecuali melalui Aku."

Bentuk Murid

Apa Langkah Pertama dalam Program Yesus?

Siapkan Hatimu ✋

    Pergilah Berdua-dua ✋

    Pergilah ke Tempat Yesus Berkarya ✋

    Doakan Para Pemimpin dari Ladang Tuaian ✋

    Pergilah dengan Rendah Hati ✋

    Bergantung pada Allah, bukan Uang ✋

    Pergilah langsung ke tempat Ia memanggil ✋

–Lukas 10:2–Hasil yang akan dituai banyak," kata-Nya kepada mereka, "tetapi pekerja untuk menuainya hanya sedikit. Sebab itu, mintalah kepada Pemilik ladang supaya Ia mengirimkan pekerja untuk menuai hasil tanaman-Nya."

Rintis Grup

Apa Langkah Kedua dalam Program Yesus?

    Kembangkan Persahabatan ✋

    Carilah Orang yang Suka Damai

    Makan dan minumlah apa yang dihidangkan

    Jangan berpindah-pindah rumah

Apa Langkah Ketiga dalam Program Yesus?

    Beritakan Kabar Baik ✋

    Sembuhkan orang sakit

    Wartakan injil

Apa Langkah Keempat dalam Program Yesus?

    Evaluasi Hasil dan Lakukan Penyesuaian ✋

    Evaluasi cara mereka menanggapi

    Tinggalkan jika mereka tidak tanggap

–Lukas 10:9–Sembuhkanlah orang-orang sakit yang ada di situ dan katakanlah kepada mereka: Kerajaan Allah sudah dekat padamu.

Rintis Gereja
>Di empat tempat manakah Yesus perintahkan umat beriman untuk merintis gereja?
>>Yerusalem
>>Yudea
>>Samaria
>>Ujung bumi
>Apa empat cara untuk merintis gereja baru?
>>Petrus
>>Paulus
>>Priskila & Akwila
>>Jemaat Teraniaya
>Berapa besarnya biaya untuk merintis gereja baru?

–Kisras 1:8–Tetapi kalian akan mendapat kuasa, kalau Roh Allah sudah datang kepadamu. Dan kalian akan menjadi saksi-saksi untuk-Ku di Yerusalem, di seluruh Yudea, di Samaria, dan sampai ke ujung bumi."

RENCANA

Mengapa Anda Ikut Yesus?

"Ketika Yesus masih berjalan di bumi dua ribu tahun lalu, orang mengikuti-Nya dengan pelbagai alasan.

Orang seperti Yakobus dan Yohanes yakin dengan mengikuti Yesus mereka akan menjadi terkenal."

–MARKUS 10:35-37–
LALU YAKOBUS DAN YOHANES, ANAK-ANAK ZEBEDEUS, MENDEKATI YESUS DAN BERKATA KEPADA-NYA, "GURU,

kami harap Engkau melakukan apa pun yang kami minta dari Engkau!" Jawab-Nya kepada mereka, "Apa yang kamu kehendaki Kuperbuat bagimu?" Lalu kata mereka, "Perkenankanlah kami duduk dalam kemuliaan-Mu kelak, yang seorang di sebelah kanan-Mu dan yang seorang lagi di sebelah kiri-Mu." (LAI-TB)

"Orang seperti orang Farisi mengikuti Yesus untuk menunjukkan betapa cerdiknya mereka."

–Lukas 11:53-54–
Dan setelah Yesus berangkat dari tempat itu, ahli-ahli Taurat dan orang-orang Farisi terus-menerus mengintai dan membanjiri-Nya dengan rupa-rupa soal. Untuk itu mereka berusaha memancing-Nya, supaya mereka dapat menangkap-Nya berdasarkan sesuatu yang diucapkan-Nya. (LAI-TB)

"Orang seperti Yudas mengikuti Yesus demi uang."

–Yohanes 12:4-6–
Tetapi Yudas Iskariot, salah seorang pengikut Yesus — yang kemudian mengkhianati-Nya — berkata, "Mengapa minyak wangi itu tidak dijual saja dengan harga tiga ratus uang perak dan uangnya diberikan kepada orang miskin? Yudas berkata begitu bukan karena ia memperhatikan orang miskin, tetapi karena ia pencuri. Ia sering mengambil uang dari kas bersama yang disimpan padanya.

"Orang seperti rombongan lima ribu orang mengikuti Yesus demi makanan."

–YOHANES 6:11-15–
LALU YESUS MENGAMBIL ROTI ITU, MENGUCAP SYUKUR DAN MEMBAGI-BAGIKANNYA KEPADA MEREKA YANG DUDUK DI SITU, DEMIKIAN JUGA DIBUAT-NYA DENGAN IKAN-IKAN ITU, SEBANYAK YANG MEREKA KEHENDAKI. DAN SETELAH MEREKA KENYANG IA BERKATA KEPADA MURID-MURID-NYA: "KUMPULKANLAH POTONGAN-POTONGAN YANG LEBIH SUPAYA TIDAK ADA YANG TERBUANG." MAKA MEREKAPUN MENGUMPULKANNYA, DAN MENGISI DUA BELAS BAKUL PENUH DENGAN POTONGAN-POTONGAN DARI KELIMA ROTI JELAI YANG LEBIH SETELAH ORANG MAKAN. KETIKA ORANG-ORANG ITU MELIHAT MUJIZAT YANG TELAH DIADAKAN-NYA, MEREKA BERKATA: "DIA INI ADALAH BENAR-BENAR NABI YANG AKAN DATANG KE DALAM DUNIA." KARENA YESUS TAHU, BAHWA MEREKA HENDAK DATANG DAN HENDAK MEMBAWA DIA DENGAN PAKSA UNTUK MENJADIKAN DIA RAJA, IA MENYINGKIR PULA KE GUNUNG, SEORANG DIRI.

"Orang seperti sepuluh orang kusta mengikuti Yesus demi kesembuhan."

–LUKAS 17:12-14–
KETIKA IA MEMASUKI SUATU DESA DATANGLAH SEPULUH ORANG KUSTA MENEMUI DIA. MEREKA TINGGAL BERDIRI AGAK JAUH DAN BERTERIAK: "YESUS, GURU, KASIHANILAH KAMI!" LALU IA MEMANDANG MEREKA DAN BERKATA: "PERGILAH, PERLIHATKANLAH DIRIMU KEPADA IMAM-IMAM." DAN SEMENTARA MEREKA DI TENGAH JALAN MEREKA MENJADI TAHIR. (BIS)

"Seperti bisa Anda lihat, banyak orang mengikuti Yesus dengan semangat ingat diri. Mereka hanya sedikit peduli pada Yesus dan lebih peduli pada apa yang bisa Yesus berikan kepada mereka. Hari ini pun tiada bedanya.

Sebagai pemimpin, kita harus memeriksa diri dan bertanya, "Mengapa saya mengikuti Yesus?"

Apakah Anda mengikuti Yesus agar bisa jadi terkenal?"

"Apakah Anda mengikuti Yesus agar bisa tunjukkan kepada orang betapa cerdasnya Anda?

Apakah Anda mengikuti Yesus demi uang?

Apakah Anda mengikuti Dia agar tersedia makanan bagi keluargamu?

Apakah Anda mengikuti Yesus dengan harapan Ia akan menyembuhkanmu?

Orang mengikuti Yesus dengan rupa-rupa alasan. Namun Allah memberkati hanya satu motivasi. Yesus memuji orang yang mengikuti-Nya dengan semangat kasih.

Ingatkah Anda akan wanita pendosa yang mengurapi Yesus dengan parfum mewah?"

–MATIUS 26:13–
"SESUNGGUHNYA AKU BERKATA KEPADAMU: DI MANA SAJA INJIL INI DIBERITAKAN DI SELURUH DUNIA, APA YANG DILAKUKANNYA INI AKAN DISEBUT JUGA UNTUK MENGINGAT DIA." (LAI-TB)

"Ingatkah Anda akan si janda miskin? Persembahannya menyentuh hati Yesus lebih dari semua harta kenisah."

–Lukas 21:3–
"Lalu Ia berkata, "Sesungguhnya Aku berkata kepadamu, janda miskin ini memberi lebih banyak daripada semua orang itu. (LAI-TB)

"Ingatkah Anda satu pertanyaan Yesus kepada Petrus setelah ia menyangkal-Nya?"

–Yohanes 21:17–
Untuk ketiga kalinya Yesus bertanya kepadanya, "Simon anak Yona, apakah engkau mencintai Aku?" Petrus menjadi sedih sebab Yesus bertanya kepadanya sampai tiga kali. Maka Petrus menjawab lagi, "Tuhan, Tuhan tahu segala-galanya. Tuhan tahu saya mencintai Tuhan!" Lalu Yesus berkata kepadanya, "Peliharalah domba-domba-Ku."

"Yesus menanyai Petrus tentang cinta dalam hatinya karena hal ini amat penting bagi Yesus. Apakah kita mengikuti-Nya karena kita mengasihi-Nya?

Kita mengikuti Yesus dengan semangat kasih karena Dia-lah yang terlebih dahulu mengasihi kita. Kita kuat bertumbuh dalam Tuhan karena kita mengasihi Yesus. Kita berbagi kabar kesukaan karena kita mengasihi Yesus. Kita membentuk murid karena kita mengasihi Yesus. Kita merintis grup yang menjadi gereja karena kita mengasihi Yesus. Kita melatih pemimpin rohani karena kita mengasihi Yesus. Hanya iman, pengharapan, dan kasih yang akan tetap abadi sedangkan bumi akan berlalu. Bagaimanapun, yang paling besar dari semuanya, adalah kasih."

Presentasi Program Yesus

- Bagi pembelajar ke dalam grup minimal 8 orang. Jelaskan program presentasi berikut ini kepada mereka.
- Para pemimpin membentuk lingkaran dan secara bergilir menyajikan "Program Yesus" mereka kepada grup. Setelah presentasi, pemimpin lain menumpangkan tangan pada "Program Yesus" itu dan berdoa mohon kuasa dan berkat Allah. Mereka berdoa dengan lantang dan serentak bagi pemimpin yang menyajikan programnya.
- Salah satu pemimpin menutup waktu doa atas tuntunan Roh. Pada titik ini, para penyaji "Program Yesus", mendekap programnya di dada dan grup berseru, "Pikullah salibmu, dan ikuti Yesus", tiga kali, serentak.
- Ulangi langkah-langkah tersebut di atas hingga setiap pemimpin menyajikan program Yesus mereka.
- Setelah semua pemimpin usai menyajikan program, mereka bergabung dengan grup yang belum selesai. Akhirnya, setiap grup bergabung dengan grup lainnya hingga tertinggal hanya satu grup besar.
- Akhiri waktu pelatihan dengan menyanyikan lagu ibadat penyerahan yang penuh makna bagi pembelajar dalam grup.

Bagian 3

SUMBER DAYA

Kajian Lebih Lanjut

Hemat kami, para penulis berikut ini akan sangat membantu dalam melatih pemimpin radikal. Buku pertama yang perlu diterjemahkan demi karya misi adalah Alkitab. Setelah itu, kami sarankan penerjemahan tujuh buku ini sebagai fondasi kokoh untuk pengembangan kepemimpinan yang efektif:

Blanchard, Ken and Hodges, Phil. *Lead like Jesus: Lessons from the Greatest Role Model of all Time.* Thomas Nelson, 2006.

Clinton, J. Robert. *The Making of a Leader.* NavPress Publishing Group, 1988.

Coleman, Robert E. *The Masterplan of Evangelism.* Fleming H. Revell, 1970.

Hettinga, Jan D. *Follow Me: Experiencing the Loving Leadership of Jesus.* Navpress, 1996.

Maxwell, John C. *Developing the Leader Within You.* Thomas Nelson Publishers, 1993.

Ogne, Steven L. and Nebel, Thomas P. *Empowering Leaders through Coaching.* Churchsmart Resources, 1995.

Sanders, J. Oswald. *Spiritual Leadership: Principles of Excellence for Every Believer.* Moody Publishers, 2007.

Lampiran A

Yang Sering Ditanyakan

Apa yang harus saya lakukan jika saya tidak menyelesaikan pelajaran dalam satu setengah jam?

Ingat, proses dan konten sama pentingnya. Mengikuti proses membangun kepercayaan diri. Konten yang berkualitas mengandung pendidikan. Baik proses maupun konten yang berkualitas menghasilkan transformasi. Kesalahan paling umum yang kami temukan dalam melatih orang lain adalah memberikan terlalu banyak konten tetapi kurang waktu untuk praktik.

Sebagian besar pelajaran *Pelatihan Mengikuti Yesus* memiliki waktu istirahat wajar di pertengahan pelajaran. Jika ternyata Anda tidak memiliki cukup waktu untuk menyelesaikan pelajaran, ajarkan separuh bagian pertama pelajaran dengan melakukan seluruh proses pelatihan, dan kerjakan sisa pelajaran pada kesempatan pertemuan berikutnya. Bergantung pada tingkat pendidikan peserta latih, Anda dapat menentukan untuk mulai menjalankan jadwal ini kapan pun.

Tujuan kita adalah membantu pembelajar dewasa memasukkan gaya kepemimpinan Yesus ke dalam setiap sisi kehidupannya. Investasi ini butuh waktu dan kesabaran, tetapi sungguh berharga.

Lampiran A

Seperti apa wujud gerakan kepemimpinan itu?

Allah sedang bergerak secara signifikan di semua bangsa. Baru-baru ini, para peneliti mendokumentasikan lebih dari 80 gerakan komunitas. Jika pemberitaan injil menggerakkan "mesin" dalam gerakan ini, "roda-roda"nya adalah pengembangan kepemimpinan. Bahkan, acap kali sulit untuk mengatakan apakah itu gerakan kepemimpinan, pemuridan, atau perintisan gereja. Apa pun itu, semuanya memiliki satu kesamaan kualitas: pria, wanita, orang muda, dan anak-anak dengan lingkungan pengaruhnya menjadi serupa dengan Kristus, Pemimpin Teragung sepanjang masa.

Rantai kepemimpinan menandai suatu gerakan kepemimpinan. Kelompok kecil pria atau wanita bertemu demi akuntabilitas, pembinaan, dan pembelajaran. Paulus mengulas jenis-jenis rantai ini dalam 2 Tim 2:2. Seorang pemimpin menerima pembinaan dalam satu grup dan meneruskannya ke grup lain. Rantai kepemimpinan terus meluas hingga generasi keenam atau ketujuh dalam gerakan-gerakan yang berkembang sepenuhnya. Suatu organisasi, pelayanan, atau kelompok orang hanya bisa pergi sejauh pemimpinnya bisa menuntun mereka. Karena itu, kepemimpinan harus dikembangkan secara terencana karena pemimpin tidak dilahirkan. Pemimpin harus belajar cara memimpin.

Dalam gerakan kepemimpinan, remaja mempelajari alat bantu kepemimpinan: visi, maksud, misi dan tujuan. Pria dan wanita dalam usia dua puluhan mulai menerapkan alat bantu ini dalam bisnis dan kehidupan pribadinya. Mereka yang tiga puluhan memfokuskan alat bantu pada pelayanan atau bisnis khusus. Ketika seseorang berumur empat puluhan, ia mulai melihat buah ketekunan penerapan alat bantu kepemimpinan. Dalam usia lima puluhan, mereka yang telah lama mengikuti gaya kepemimpinan Yesus, melayani sebagai teladan bagi generasi muda. Umumnya, dalam enam puluhan, orang bisa membina banyak muda-mudi sebagai pemimpin. Para kudus dalam tujuh puluhannya mewariskan pusaka kesetiaan dan kesuksesan, bahkan di usia lanjut.

Dalam cara apa peran misionaris asing berubah dari waktu ke waktu?

Setiap karya misi memiliki empat fase: penemuan, perkembangan, penyebaran, dan pendelegasian. Tiap fase memiliki tujuan dan tantangan unik. Tiap fase pun membutuhkan rupa-rupa perangkat-kecakapan dari para misionaris.

Fase *penemuan* meliputi identifikasi orang tak terjangkau, pengiriman misionaris perintis, dan perolehan pijakan di daerah tak terjangkau. Peran misioner adalah menjelajah, menginjil, dan berhubungan dengan bangsa-bangsa yang tertarik. Buah perioda ini adalah beberapa gereja. Namun, gereja ini sering mirip gereja di negara asal misionaris ketimbang negara dan budaya penerima. Selama fase penemuan, misionaris mengerjakan delapan puluh persen pekerjaan sedangkan umat setempat dua puluh persen.

Beberapa gereja yang dirintis dalam fase penemuan terus bertumbuh dan merintis gereja lainnya, mengarah ke suatu persekutuan jemaat dalam fase *perkembangan*. Misionaris dalam fase ini membantu gereja membangun jaringan bersama, menginjil, dan memulai upaya-upaya pemuridan terencana di antara umat beriman. Budaya kristen kecil mulai mengakar di negara inang. Selama fase perkembangan, misionaris mengerjakan enam puluh persen pekerjaan sedangkan umat setempat empat puluh persen.

Misi ini memasuki fase *penyebaran* ketika beberapa asosiasi gereja membentuk suatu persekutuan atau jaringan kerja. Perioda ini khususnya mulai dengan ratusan grup atau gereja dan terus memperoleh momentum. Peran misionaris di sini adalah untuk menjamin kesinambungan pengembangan kepemimpinan, membantu umat setempat mengatasi bidang-bidang persoalan, dan mendampingi mereka ketika mereka menerapkan strategi untuk menjangkau kelompok masyarakat seluruhnya. Selama fase penyebaran, umat setempat mengerjakan enam puluh persen pekerjaan sedangkan misionaris empat puluh persen.

Fase terakhir dalam setiap misi adalah *pendelegasian*. Dalam fase ini, misionaris memercayakan pekerjaan kepada umat beriman setempat. Misionaris kembali ke pekerjaan pembinaan, perayaan, dan kolaborasi. Selama fase pendelegasian, umat setempat mengerjakan sembilan puluh persen pekerjaan sedangkan misionaris sepuluh persen. Fase penemuan mulai lagi, tetapi kali ini dalam hidup dan karya jemaat setempat.

Misionaris asing harus mengakui bahwa mereka saat ini berada dalam fase pendelegasian di sebagian besar dunia. Peran utama misionaris hari ini adalah membina, melatih, dan membantu saudara/saudari sebangsa menjalankan misi yang telah diberikan Allah kepada mereka. Salah satu tujuan Pelatihan Mengikuti Yesus adalah menyediakan bagi para misionaris alat bantu sederhana dan reproduksibel untuk fase pendelegasian.

Apa maksudnya "5 Aturan?"

Singkatnya, seseorang harus mempraktikkan suatu kecakapan sebanyak lima kali sebelum mereka benar-benar yakin menerapkan keterampilannya sendiri. Setelah melatih hampir lima ribu orang secara pribadi dalam sembilan tahun terakhir, kami saksikan prinsip ini berkali-kali terbukti.

Seminar-seminar pelatihan penuh dengan orang dewasa yang cerdas dan cakap, tetapi sangat sering hanya terjadi perubahan kecil dalam kehidupannya setelah seminar. Tanggapan tipikal atas masalah ini adalah menyusun konten yang lebih menarik, atau lebih mudah diingat, atau (silakan isi sendiri). Biasanya, masalahnya bukan pada konten, tetapi pada kenyataan bahwa orang belum cukup mempraktikkannya sebagai bagian dari kehidupan mereka.

Mengapa begitu banyak isyarat tangan dipakai?

Orang belajar dari apa yang mereka lihat, apa yang mereka dengar, dan apa yang mereka kerjakan. Metoda pendidikan Barat menekankan pembelajaran jenis pertama dan kedua (terutama dalam format kuliah). Banyak kajian mendokumentasikan betapa sedikitnya pembelajar menguasai hanya melalui pembicaraan dan pendengaran. Gaya pembelajaran ketiga - kinestetik - tetap sebagai pendekatan yang paling terabaikan dalam melatih orang lain. Kami temukan isyarat tangan akan menjadi cara paling mudah dalam mengajari grup menghafal sejumlah besar informasi. Orang terpelajar dan tak-terpelajar sama-sama bisa mengisahkan ulang cerita secara lebih baik ketika dipadukan dengan tindakan atau isyarat tangan.

Perlu Anda ketahui, kami tidak menggunakan isyarat tangan ketika mulai melatih orang lain dengan *Pelatihan Mengikuti Yesus*. Namun, sudah kami ubah pendekatan kami, ketika kami ubah salah satu tujuan pelatihan; kami ingin agar pembelajar mampu mengulang keseluruhan seminar kepada kami pada akhir seminar. Menghafal merupakan unsur kunci dalam sebagian besar situasi pembelajaran di Asia. Kini, orang dapat mengulang kembali seminar seluruhnya dari hafalan pada sesi final karena kami menggunakan isyarat tangan. Mereka tidak dapat melakukan seperti itu sebelum kami mulai menggunakannya. Setelah beberapa pelajaran singkat, siswa menikmati pembelajaran aktif dan tercengang sebab bisa menghafal seluruh seminar pada akhirnya.

Setelah kami mulai menggunakan isyarat tangan, ternyata terjadi peningkatan jumlah pemimpin yang melatih pemimpin. Latihan rohani melibatkan lebih dari sekadar pikiran. Jika hati tetap tak-berubah, tidak akan terjadi transformasi. Menggunakan isyarat tangan membantu memindahkan ajaran dari otak ke hati. Itulah sebabnya kami mengajari anak-anak dengan isyarat tangan untuk membantu mereka mengingat kebenaran-kebenaran penting menyangkut kehidupan. Orang dewasa, muda-mudi, dan anak-anak bisa belajar dalam situasi multi-generasi bila kita menggunakan isyarat tangan. Secara pribadi, saya gunakan isyarat tangan secara teratur pada saat-saat berdoa agar tetap fokus pada bagian doa tertentu - syukur, tobat, permohonan, atau hasil.

Mengapa pelajarannya sederhana sekali?

Alasan utama pelajarannya sederhana adalah bahwa kami mengikuti teladan Yesus mengajar dengan cara yang sederhana. Ia menjadikan sederhana hal yang rumit. Kita menjadikan rumit hal yang sederhana. Kepedulian Yesus adalah perubahan hidup, bukan penguasaan "kebenaran terbaru." Bila kita mengajar secara sederhana, anak-anak, muda-mudi, dan orang dewasa bisa mempelajararinya di dalam komunitas. Anda tidak membutuhkan mesin pelacak lengkap dengan fitur ekstra ribuan dolar untuk mengetahui arah "utara." Cukup gunakan kompas murah.

Kitab Amzal katakan supaya mencari kebijaksanaan di atas segalanya. Kebijaksanaan adalah kemampuan menerapkan pengetahuan dalam hidup secara terampil dan pantas. Kami perhatikan bahwa semakin rumit suatu program, semakin besar kemungkinannya gagal. Gembala dan misionaris di seluruh dunia memiliki program-program misi strategis yang butuh waktu berminggu-minggu atau berbulan-bulan pengembangan. Kebanyakan program itu tersimpan di rak entah di mana. Ada orang yang berdalih bahwa kitab Amzal katakan supaya jangan sampai menjadi orang sederhana (*simple*). Namun, sebenarnya Amzal katakan supaya jangan sampai menjadi "orang tolol (*simpleton*)." Orang bijak mengerjakan tugas dengan cara yang bisa ditiru orang lain; orang tolol melakukan sebaliknya.

Kabar baiknya adalah bahwa mengikuti Yesus tidak bergantung pada kecerdasan, talenta, tingkat pendidikan, prestasi, atau kepribadian. Mengikuti Yesus bergantung pada keinginan pribadi untuk mematuhi perintah Yesus secara langsung, sepanjang masa, dan dengan semangat kasih. Pengajaran yang rumit khususnya menghasilkan pembelajar yang tidak mampu menerapkan pelajaran dalam kehidupan harian mereka. Yesus perintahkan umat beriman agar membentuk murid, mengajari mereka agar patuh terhadap seluruh perintah-Nya. Kita yakin guru-guru merintangi kepatuhan orang kalau mereka mengajarkan pelajaran rumit yang tidak bisa diajarkan pembelajar kepada orang lain.

Apa kesalahan umum yang terjadi saat melatih orang lain?

Pelatih membuat kesalahan pelatihan dalam tiga bidang: orang, proses, dan konten. Masih melatih dan sudah dilatih oleh banyak orang, kami sajikan observasi ini guna membantu Anda memperkuat kecakapan Anda.

Setiap pendengar menghadiri sesi pelatihan dengan pengalaman, pengetahuan dan kecakapan yang dimilikinya sebelumnya. Pelatih yang tidak mempertimbangkan hal ini pada awal sesi menghadapi resiko melatih pembelajar mengerjakan sesuatu yang sudah mereka ketahui caranya. Sebuah pertanyaan sederhana seperti "Apa yang Anda ketahui mengenai topik ini?" membantu pelatih mengetahui tingkat latihan apa yang pantas diberikan. Namun, sudah kami lihat para pelatih menganggap pembelajar tahu lebih banyak daripada yang mereka ketahui. Suatu asumsi yang tak teruji selalu kembali menyerang Anda. Komunikasi mengatasi masalah ini. Orang memiliki gaya belajar yang berbeda dan adalah suatu kesalahan bila mendasarkan pelatihan Anda pada satu atau dua gaya saja. Melakukan seperti itu pasti akan membuat beberapa pembelajar tidak akan mendapat manfaat seperti ketika mereka bisa memperolehnya dari rencana pelajaran yang lebih baik. Orang juga memiliki perbedaan kebutuhan sesuai kepribadian mereka. Melatih dengan cara yang menarik hanya bagi orang ekstrovert, tidak termasuk introvert. Mengarahkan perhatian pada orang yang berfokus pada "pemikiran" tidak seefektif pelajaran yang ditujukan kepada "perasaan."

Proses pelatihan merupakan wilayah lain tempat para pengajar melakukan kesalahan. Pelatihan yang tidak memberi kesempatan diskusi dan semata-mata mengandalkan penuturan bukan pelatihan melainkan presentasi. Pelatihan adalah suatu perjalanan yang melibatkan keutuhan pribadi untuk menguasai kecakapan, kualitas karakter, atau pengetahuan. Kami perhatikan para pelatih begitu banyak memusatkan perhatian pada konten sehingga tidak memberikan pembelajar kesempatan membahas materi ajaran. Saat-saat belajar terbaik bagi orang dewasa adalah ketika mereka membahas pelajaran dan menerapkannya dalam hidup mereka. Kesalahan umum lainnya adalah penggunaan teknik belajar yang sama sepanjang waktu pelatihan. Teknik pelatihan apa pun kehilangan efektivitasnya jika digunakan terlalu sering. Kekeliruan terakhir adalah panjang sesi pelatihan. Sebagai aturan, kita mencoba mengajarkan pelajaran sebanyak sepertiga dari waktu yang tersedia. Kemudian, kita meminta pembelajar mempraktikkan pelajaran selama sepertiga waktu. Terakhir, kita memandu diskusi mengenai penerapan pelajaran selama sepertiga waktu terakhir. Dalam sesi sembilan puluh menit, pembelajar biasanya mendengar penjelasan kita sekitar dua puluh menit.

Biasanya, suatu sesi pelatihan berlangsung terlalu lama karena pelatih berbagi terlalu banyak konten - wilayah terakhir tempat para pelatih membuat kekeliruan. Materi pelatihan yang baik akan mengarah pada pengetahuan, karakter, kecakapan, dan motivasi. Jika pelatih berasal dari latar belakang barat, kemungkinan besar mereka akan menitikberatkan sisi pengetahuan, dengan anggapan bahwa "mengetahui" menghasilkan selebihnya. Mereka mungkin berbicara tentang karakter dan motivasi, tetapi jarang membahas praktik kecakapan. Paling sering, pelatih melatih orang lain menggunakan metode yang dicontohkan kepada mereka. Bagaimanapun, memutuskan masa lalu mungkin perlu, demi terjadinya perubahan nyata dalam kehidupan pembelajar. Pelatihan terbaik tidak berupaya keras menyajikan informasi saja. Tujuannya adalah transformasi. Sudah kami amati pelatih yang tidak menyesuaikan materinya dengan situasi atau kebudayaan baru; mereka berharap para petani desa akan menguasai materi sebagaimana para profesional muda perkotaan. Kurangnya doa merupakan alasan yang paling umum untuk kekeliruan ini.

Kekeliruan terbesar yang dibuat pelatih, dalam pengalaman kami, adalah tidak menyediakan waktu yang dibutuhkan pembelajar untuk mempraktikkan pelajaran. Pelatih tergoda untuk melihat pelatihan sebagai suatu peristiwa satu-kali dan bukan suatu perjalanan berkesinambung. Tanda pasti berkenaan dengan "pandangan peristiwa" adalah sikap "Mereka milik kita di sini. Mari kita tuangkan sebanyak mungkin pelajaran kepada mereka semampu kita." Memang, memusatkan perhatian untuk memberikan pembelajar suatu proses biblis agar melatih orang lain membutuhkan perubahan paradigma. Pelatih menjadi lebih peduli kepada orang yang akan dilatih, alih-alih kepada pembelajar saja. Jika ternyata Anda menggunakan lebih banyak materi dan tiada waktu praktik, Anda bisa saja keliru karena memberikan lebih dari apa yang bisa mereka patuhi atau yang bisa mereka bagikan dengan orang lain secara wajar. Anda mempersiapkan mereka menuju kegagalan, sebagai ganti kesuksesan.

Apa saran Anda jika tiada pemimpin untuk dilatih?

Pemimpin yang bertumbuh menarik pemimpin yang bertumbuh. Bila Anda putuskan mengikuti Yesus dan gaya kepemimpinan-Nya, Allah akan memberkati dan mengutus orang lain untuk berjalan bersamamu. Bagaimanapun, kita mesti mengambil langkah pertama iman. Yesus hidup dalam diri tiap orang beriman dan sangat mengharapkan kerajaan-Nya terwujud dan kehendak-Nya terlaksana. Ketuhanan dan kepemimpinan bekerja seiring-sejalan. Ingat, kita tidak peroleh sebab tidak kita minta. Berdoalah agar banyak mata menyaksikan para pemimpin yang sedang Allah kembangkan. Berdoalah demi hati yang menerima dan semangat yang berkobar. Berdoalah bagi perspektif Yesus mengenai kepemimpinan. Nelayan menghasilkan rasul-rasul yang baik.

Pusatkan perhatian pada orang yang sudah dipercayakan Allah kepadamu, bukan pada mereka yang tidak Anda miliki. Mulailah mengembangkan orang yang sedang mengikuti Anda menjadi pemimpin yang lebih tangguh. Setiap orang memimpin seseorang. Bapak-bapak memimpin rumah tangganya. Ibu-ibu memimpin anak-anaknya. Guru-guru memimpin murid-muridnya. Usahawan memimpin komunitasnya. Prinsip kepemimpinan yang diajarkan dalam *Pelatihan Mengikuti Yesus* dapat diterapkan dalam situasi berikut ini: Orang berkembang guna memenuhi harapan kita. Perlakukan setiap pribadi seolah-olah pribadi itu seorang pemimpin dan perhatikan apa yang Allah kerjakan dalam hidupnya.

Pertimbangkan untuk menjadi tuan rumah kegiatan pelatihan kepemimpinan. Publikasikan pertemuan melalui grup kepemimpinan yang ada - Lion's Club, Kamar Dagang, badan desa, atau direktur apa pun. Gunakan bahan pelatihan ini untuk melengkapi para pemimpin bisnis dengan prinsip-prinsip kepemimpinan yang berasal dari Pemimpin Teragung sepanjang masa. Mengelola suatu kegiatan tidak hanya akan menambah kredibilitas Anda dalam masyarakat, melainkan juga mengembangkan Anda sebagai pemimpin. Jika dalam kelompokmu tiada pengikut Yesus, latihlah pemimpin dalam kelompok orang "sedarah", dengan merumuskan visi untuk menjangkau yang tak terjangkau.

Apa langkah pertama bagi para pemimpin ketika mereka mulai melatih pemimpin baru?

Yesus berdoa semalaman sebelum memilih pemimpin, maka doa merupakan titik awal terbaik. Doakan agar muncul pemimpin dari antara tuaian untuk memimpin tuaian. Saat berdoa, ingatlah, Allah melihat hati sedangkan manusia melihat tampilan luar. Perhatikan kesetiaan dan karakter dalam diri para pemimpin potensial. Begitu sering, kita fokus pada talenta dan kesan pertama. Berdoalah supaya Allah menegakkan para pemimpin rohani yang tangguh.

Setelah berdoa, mulailah secara konsisten berbagi visi tentang para pemimpin yang meneladani Yesus sebagai pemimpin. Berdoalah bersama keluarga dan teman, dengan memohon agar Allah membantu Anda menjadi pemimpin yang lebih baik. Tanyakan pada orang-orang yang diberikan Allah di sepanjang jalanmu, apakah mereka mau belajar tentang cara menjadi pemimpin yang lebih kuat. Menuangkan visi teman secara tetap membantu satu sama lain berkembang menjadi pemimpim yang lebih berbuah limpah. Saat Anda menuangkan visi untuk mengembangkan pemimpin, perhatikanlah orang yang tertarik dan bersemangat oleh karena perkataanmu.

Langkah selanjutnya adalah berdoa agar Allah menunjukkan kepadamu pemimpin yang diangkat-Nya. Jangan coba menentukan sendiri. Biarkan terjadi "seleksi-sendiri" melalui keinginan mereka untuk mengerjakan tugas yang diperlukan sebagai pemimpin. Kita tidak "mengangkat" pemimpin, melainkan "mengurapi" pemimpin yang sudah membuktikan dirinya setia. Sangat sering, orang yang hendak kita pilih "terakhir" dari senarai pemimpin potensial kita, justru yang "pertama" dipilih Allah. Carilah orang yang tidak puas dengan status quo. Fokuslah pada orang yang mau belajar dan ikut. Jangan kecewa jika kepemimpinan pada tingkatan tertinggi suatu organisasi memperlihatkan sedikit saja ketertarikan.

Akhirnya, mulailah melangkah untuk melengkapi Program Yesus Anda. Tiada yang memikat pemimpin yang ada dan pemimpin potensial seperti tindakan. Orang suka menjadi bagian dari tim pemenang. Ketika Allah memberkati Program Yesus Anda, Ia akan mengutus orang membantu Anda. Sangat sering Allah akan mengutus anggota keluarga, teman, dan pebisnis sukses. Pemimpin memiliki pengikut. Bila Anda mengikuti Yesus, tindakan Anda ini akan memberikan orang lain petunjuk jelas yang bisa mereka ikuti pula. Seseorang harus merintis perjalanan di tengah grup Anda. Semoga Anda orangnya!

Perbedaan situasi seperti apa yang telah digunakan para pelatih dalam *Melatih Pemimpin Radikal***?**

Jika waktu Anda hanya sehari, kami sarankan Anda mengajarkan pelajaran "Cara Yesus Melatih Para Pemimpin," "Tujuh Kualitas Pemimpin Hebat," dan " Delapan Peran Kristus." Ini akan melengkapi para pemimpin dengan kecakapan, karakter, dan hasrat untuk melatih pemimpin lain. Bila mereka memintamu kembali lagi, ajarkan sisa pelajaran untuk mengisi pengetahuan dan kompetensi mereka, dan berikan program strategis untuk mereka jalankan. Pendekatan ini berjalan baik bagi mereka yang sibuk dan punya sedikit waktu saja untuk menghadiri sesi pelatihan.

Jika Anda hanya bisa bertemu satu atau dua minggu sekali, kami sarankan untuk mengajarkan pelajaran seminar satu per satu. Kecakapan dibangun di atas kecakapan lain dan pemimpin akan memperoleh dasar yang kuat pada akhir 10 atau 20 minggu. Dorong para pemimpin supaya melatih pemimpin baru di sela-sela pertemuan dengan pelajaran yang sedang Anda ajarkan. Pendekatan ini sangat berhasil bagi mereka yang sibuk namun bisa menyediakan waktu khusus untuk belajar tiap minggu. Mintalah para pemimpin mengajar-ulang di luar kelas pelajaran yang tak sempat diikuti orang lain karena sakit atau keadaan tak terduga.

Jika Anda punya waktu tiga hari, kami anjurkan supaya mengikuti urutan dalam manual ini. Berikan waktu untuk banyak diskusi dan gunakan waktu istirahat untuk bertatap muka dengan para pemimpin. Pada akhir tiap sesi, mintalah para pemimpin menanggapi pertanyaan berikut: "Apa yang sedang disampaikan Allah kepadamu dalam pelajaran ini?" Biarkan mereka membahas jawabannya bersama grup. Cara belajar terbaik bagi orang dewasa adalah membahas dan menggeluti persoalan bersama. Anda pun akan memperoleh wawasan tentang kebutuhan grup. Pendekatan ini berjalan baik dalam lingkungan Seminari atau Sekolah Alkitab, dengan pelayanan penuh-waktu, dan di lingkungan perkotaan atau desa, tempat orang bekerja menurut musim.

Lampiran B

Senarai Periksa

Satu Bulan Sebelum Pelatihan

- *Daftar Tim Doa–* Daftarkan sebuah tim doa yang terdiri atas 12 orang untuk menyelingi pelatihan, sebelum dan selama minggu pelatihan. Ini SANGAT penting!
- *Daftar Asisten–* Daftarkan seorang asisten untuk menjadi tim pengajar bersama Anda, seseorang yang sebelumnya menghadiri: *Melatih Pemimpin Radikal*.
- *Undang Peserta–* Undanglah peserta secara sopan dan peka budaya. Kirimkan surat, undangan, atau hubungi via telepon. Ukuran ideal grup pelatihan *Melatih Para Pemimpin Radikal* adalah situasi seminar yakni 16-24 pemimpin. Dengan bantuan beberapa asisten, Anda bisa melatih hingga 50 pemimpin. Sesi *Melatih Pemimpin Radikal* bisa juga dilakukan secara efektif per minggu dengan grup yang terdiri atas tiga atau lebih pemimpin.
- *Konfirmasi Logistik–* Urus penginapan, makanan, dan angkutan bagi para pemimpin seperlunya.
- *Atur Tempat Pertemuan–* Atur ruang pelatihan dengan dua meja di belakang ruangan untuk barang-barang pendukung; kursi peserta diatur melingkar dan sediakan ruang lapang secukupnya untuk kegiatan belajar selama

pelatihan. Kalau lebih sesuai, gunakan tikar di lantai sebagai ganti kursi. Rencanakan dua kali waktu istirahat per hari dengan minuman kopi, teh dan makanan ringan.
- *Siapkan Materi Pelatihan*– Sediakan Alkitab, papan tulis atau lembaran kertas lebar, buku catatan siswa, buku catatan pemimpin, pensil warna atau krayon, buku tulis, bulpen, dan pensil, bola *Chinlone*, dan hadiah.
- *Atur Waktu Ibadat*– Siapkan teks atau buku lagu untuk tiap peserta. Carilah seorang pemain gitar dalam grup guna membantu Anda memimpin di saat-saat ibadah.

Setelah Pelatihan

- *Lakukan evaluasi atas setiap aspek pelatihan bersama asisten Anda*– Gunakan waktu untuk mengkaji dan mengevaluasi waktu pelatihan bersama asisten Anda. Daftarkan hal-hal positif dan negatif. Buat rencana perbaikan untuk pelatihan berikutnya ketika Anda melatih.
- *Bicarakan dengan Asisten Potensial tentang Bantuan Dalam Pelatihan-pelatihan Mendatang*–Hubungi dua atau tiga pemimpin yang memperlihatkan potensi kepemimpinan selama pelatihan guna membantu Anda kelak dalam *Melatih Pemimpin Radikal*.
- *Semangati Peserta Pelatihan untuk Membawa Teman pada Pelatihan Berikutnya*– Semangati peserta pelatihan agar kali berikut kembali menghadiri pelatihan bersama teman-teman lain. Maka, akan terjadi percepatan jumlah pemimpin yang melatih pemimpin lain.

Lampiran C

CATATAN UNTUK PENERJEMAH

Pengarang buku ini mengizinkan penerjemahan materi pelatihan ini ke dalam bahasa lain atas tuntunan Allah. Harap gunakan pedoman berikut ini ketika menerjemahkan materi *Pelatihan Mengikuti Yesus* (PMY):

- Kami sarankan melatih orang lain dengan PMY beberapa kali sebelum memulai penerjemahan. Terjemahan hendaknya menekankan makna dan bukan hanya terjemahan literal, kata per kata. Misalnya, jika "dituntun oleh Roh" diterjemahkan sebagai "hidup oleh Roh" dalam versi Alkitab Anda, gunakanlah "hidup oleh Roh," dalam materi PMY. Sesuaikan isyarat tangan bila perlu.
- Terjemahan hendaknya sebanyak mungkin dalam bahasa awam dan bukan "bahasa religius."
- Ketika mengutip teks alkitab, gunakan terjemahan yang dapat dipahami oleh sebagian besar anggota grup. Jika hanya ada satu versi terjemahan dan sulit dipahami, perbarui istilah dalam ayat kutipan sehingga menjadi jelas.
- Gunakan istilah yang bermakna positif untuk setiap gambaran Kristus. Sering, tim pelatihan mungkin butuh latihan memakai "istilah yang tepat" beberapa kali sebelum menemukan istilah yang paling tepat.

- Terjemahkan kata "Orang Kudus" ke dalam istilah yang lazim dipakai dalam kebudayaanmu mengenai orang kudus/suci. Jika kata yang sama dalam bahasamu dipakai untuk mengungkapkan kekudusan Yesus, istilah "Yang Kudus (Holy One)" tidak perlu dipakai. Kami gunakan "Yang Kudus" karena "Orang Kudus (Saints)" tidak cukup tepat menggambarkan Yesus.
- "Hamba/Pelayan (Servant)" kadang sulit diterjemahkan dalam pengertian positif, tetapi sangat penting untuk diterjemahkan. Gunakan istilah yang tepat menggambarkan seorang pekerja keras, rendah hati, dan suka menolong orang. Kebanyakan kebudayaan memiliki gagasan "hati seorang pelayan."
- Kami menyesuaikan beberapa lakon pembelajaran untuk Asia Tenggara dari seminar *"Train and Multiply"*, karya George Patterson. Anda bebas memadankannya dengan budaya Anda, menggunakan alat bantu dan ide yang lazim dipakai kelompok masyarakat Anda.
- Kami akan sangat gembira mendengar tentang karya Anda dan akan membantu semampu kami.
- Hubungi kami di translations@FollowJesusTraining.com untuk bekerja sama dan menyaksikan lebih banyak orang mengikuti Yesus!

Lampiran D

Sumber Daya Lain

Anda bisa mengakses beberapa sumber daya online yang akan membantumu melatih orang lain mengikuti Yesus di *www.FollowJesusTraining.com*.

Sumber daya dimaksud antara lain:

1. Artikel dan wawasan tentang pelatihan oleh penulis;
2. Video menyankut semua isyarat tangan dalam Melatih Pemimpin Radikal;
3. Terjemahan materi Melatih Pemimpin Radikal: Kualitas terjemahan bervariasi, karena itu periksa dahulu bersama orang kristen lokal sebelum Anda gunakan.

Hubungi kami di *lanfam@FollowJesusTraining.com* untuk informasi selengkapnya tentang proyek dan kegiatan pelatihan terkini.

www.ingramcontent.com/pod-product-compliance
Lightning Source LLC
Chambersburg PA
CBHW071458040426
42444CB00008B/1396